単位が取れる ミクロ経済学ノート

石川秀樹

Ishikawa Hideki

講談社サイエンティフィク

まえがき

　経済学は文系の科目と位置づけられていますが，数式やグラフは多いし，専門用語だらけなので，理解がむずかしく「単位がとれるのだろうか？」と心配する学生が多い科目です。そこで，この本は，「短時間で経済学の単位をとることができ，あわよくば，1つでも上のグレードの成績をとることができるように」との思いから企画されました。

　その思いを実現するために，直感的理解を大切にし，重要ポイントにしぼって，ていねいに説明しています。そして，各回の最後に，穴埋め，記述問題，用語説明などの演習問題を用意し，知識の定着をはかるとともに，解答力をつけることができる構成になっています。

直感的理解を重視

「要するに○○ということ！」という直感的な説明によって理解してもらえるように解説しました。もちろん，直感的な理解だけでは試験で十分な点がとれませんから，専門用語，グラフ，数式もていねいに説明しますのでご安心ください。

重要ポイントに絞って丁寧に解説

　通常のミクロ経済学のテキストには，この本でとりあげた論点のほかに，いろいろな論点が多数もりこまれています。しかし，実際には，ミクロ経済学とか経済原論という名前がついた多くの講義では，授業時間が足りないことから，この本であつかう範囲くらいしかやりません。そこで，この本は，多くの講義がとりあつかう範囲，すなわち，試験範囲に限定して，試験でとりあげられる回数の多い重要ポイントをとりあげることにしました。

　この本でとりあげた重要ポイントは，単に大学の試験だけではなく，公務員試験や資格試験でも重要とされるポイントですし，現実経済を考える際にも必要とされるものですから，将来的にも有益です。

各回の最後に，穴埋め・記述問題・用語説明などの演習問題

　理解度をチェックするために，講義の各回の最後に演習問題をつけました。問題の形式も，空欄の穴埋め形式，用語説明，本格的な記述形式，選択式，といろいろなパターンをとりいれ，解答力もつけることができるように配慮しました。

　次に，勉強方法についてのアドバイスを3点ほどお話しします。

アドバイス①　難しい言葉はやさしい言葉でいいかえて理解しよう！
　「ようするに○○ということ！」という納得感を大切にしてください。

アドバイス②　グラフはていねいに読み込む！
　ミクロ経済学は言葉だけでは正確に表現できないので，グラフをつかって説明することが多いのが特徴です。とくに，ミクロ経済学のグラフはマクロ経済学のグラフより複雑なものが多いので，グラフをていねいに読み込んで，確実に理解することが重要となります。

アドバイス③　過去問を入手し傾向をつかもう
　可能であれば，この本をよむ前に，過去問（過去に出題された問題）を集めて，問題の形式や出題された論点を確認しておきましょう。そうしておけば，この本をよんでいても，「あっ，ここは去年でた」とか「○○先生は用語説明の問題が多いから，とくに，用語説明の問題はきちんと書けるように気をつけよう」と意識してよみすすめることができるので，試験傾向にあわせた勉強ができるとともに，集中力があがり効率的な勉強ができます。

　それでは，この本を読んで，皆さんが無事に単位を取得されることをお祈りしています！　そして，「ミクロ経済学を勉強すると現実経済の仕組みがわかってきてけっこう楽しい！」と感じていただければ，これにまさる幸せはありません。

目次

単位が取れるミクロ経済学ノート
CONTENTS

講義		PAGE
講義 01	限界効用理論	6
講義 02	無差別効用理論	14
講義 03	所得の変化と消費	26
講義 04	価格の変化と消費	34
講義 05	完全競争企業の生産行動	49
講義 06	損益分岐点と操業停止点，供給曲線	58
講義 07	市場均衡と安定性	72

			PAGE
講義	08	完全競争市場の長期均衡	83
講義	09	独占企業の生産行動，価格差別	90
講義	10	ゲーム理論	100
講義	11	余剰分析	110
講義	12	外部効果	125
講義	13	公共財	137
講義	14	逆選択・モラルハザード	144

ブックデザイン──**安田あたる**

講義 LECTURE 01 限界効用理論

　まず，家計の分析というテーマに入る前に，ミクロ経済学とは何かということから説明しましょう。経済学には，マクロ経済学とミクロ経済学という大きな分野があります。「日本の景気はどうか」など一国経済全体を考えるのが**マクロ経済学**です。これにたいし，自動車などの特定の商品の市場の分析や個々の企業がどのように生産量を決定するか，個々の消費者がどのように消費量を決定するかなど，細かいことを考えるのが**ミクロ経済学**です。

（ミクロとは細かいという意味なのでミクロ経済学というのです。）

　さあ，それではミクロ経済学の講義を家計の分析からはじめましょう。まず，家計とは何かということについて説明し，つぎに，家計の消費行動を分析する限界効用理論について説明します。限界効用理論はそのままで出題されることは少なく，限界効用逓減の法則と加重限界効用均等の法則の用語説明が問われることが多いので気をつけましょう。

● 家計と効用最大化原則

　わたしたちは社会人になると，働いてお給料をもらい，そのお給料で

（「労働の供給」といいます。）

物やサービスを消費します。このような行動をするわたしたちを経済学

（財，商品，生産物といいます。）

では**家計**とよびます。ですから，お堅い経済学のテキストでは「労働を供給し，その対価として貨幣を得て，その貨幣で財を消費する経済主体を家計という」などと書かれます。

　そして，経済学では家計は自分の**効用**を最大にするように行動すると

（効用とは満足の度合い（満足度）のことです。）

いう大前提をおきます。これを**効用最大化原理**といいます。ですから，ある家計がポテトチップス5袋とチョコレート3個を買ったとすると，それは，その5袋と3個のときその家計の効用が最大となるのだ，という世界を想定するということなのです。つまり，常に効用を最大化するために行動するという，合理的な家計しか存在しない世界を想定するのです。

●限界効用理論の前提

限界効用理論では，効用（満足度）を100や150と測ることができると考えます。これは，カレーを食べたら効用は100だが，ラーメンを食べたら効用は150なので，1.5倍の効用があるということになります。これを効用の**基数的可測性**といい，このように，効用を100とか150とか測ることができると分析がしやすくなります。

しかし，現実の世界ではわたしたち消費者は，ラーメンの満足度がカ

（家計です。）　（効用です。）

レーの1.5倍とかまではわからないのではないでしょうか。おそらく，カレーの効用よりラーメンの効用が大きい，という順序くらいしかわからないのではないでしょうか。このように効用の大きさの順序しか測ることができないことを，効用の**序数的可測性**といいます。

じつは，現実の家計（消費者）が効用を序数的にしか測っていないのに，現実ばなれした効用の基数的可測性を前提としたことが，限界効用理論の大きな問題点とされ，講義02で説明する無差別曲線理論に取って代わられることになるのです。

●限界効用逓減の法則

さて，限界効用理論では，効用の基数的可測性を前提にするので，今回の講義では，効用は100とか150と数えることができる，という前提
（効用はUtilityなのでUと書きます。）
で説明を進めていきます。

いま，ある家計（消費者）がビールを飲んでいて，ビールを1杯飲んだときの効用が100, 2杯飲んだときの効用が150, 3杯飲んだときの効用が170であったとします（図表1-1）。**限界効用**とは，1杯追加で消費したときの効用の増加分のことをいい，図表1-1では，0杯の効用は0ですが，1杯の効用は100と効用が100増加しているので，限界効用は100です。1杯のときの効用100にたいして2杯目をおかわりすると，効用は150と50だけ増加するので，限界効用は50となります。2杯のときの効用150にたいして，3杯の効用は170と20だけ増加するので，限界効用は20となります。

> 限界効用は Marginal Utility なので MU と書きます。

ところで，ミクロ経済学では，限界効用以外にも，限界代替率，限界費用，限界収入など限界○○と「限界」のついた専門用語がたくさんでてきます。「限界」とは，「ある数が少しだけ（1単位）増えたときに，他の数がどれだけ増えるか」ということを意味するのですが，この本を最後まで読み終えると，そのイメージがわかるようになると思いますから，ここではあまり気にしないでください。

図表 1-1 ●効用と限界効用

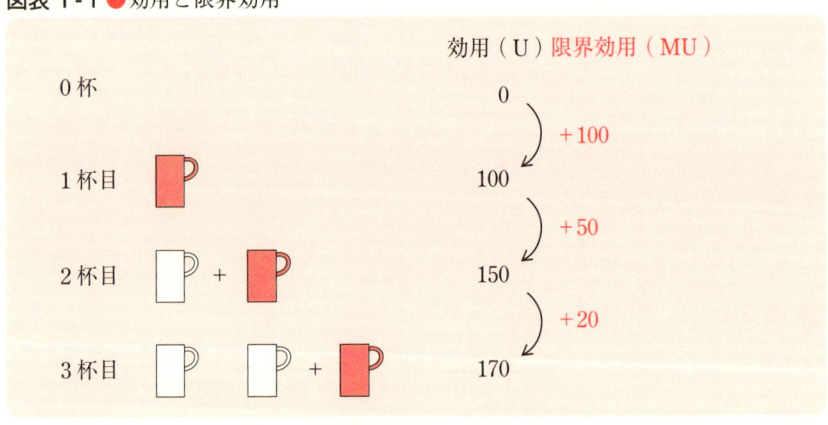

図表1-1のケースでは，限界効用は1杯目のとき100ですが，2杯目

> 1杯追加で飲んだときの効用の増加。

は 50，3 杯目は 20…とだんだんと減っていきます。

> だんだんと減ることを逓減（ていげん）といいます。

これは，1 杯目のビールはとてもおいしいので満足度の増加は大きいけれど，2 杯，3 杯とおかわりをしていくとだんだんとおいしさが減っていき，満足度の増加は減少するということです。このように，最初は<u>1 単位消費量を増やしたときの効用の増加分</u>は大きいのですが，消費量が増

> 限界効用です。

加するにつれてだんだんと減少していくことを限界効用逓減（げんかいこうようていげん）といいます。

> 逓減の「逓」は「だんだんと，徐々に，しだいに」という意味で，逓減は「だんだんと減少する」という意味です。

　ビールにかぎらず，コーラやコーヒー，みかんやバナナ，ピザやラーメンなどの財も，はじめはすごくおいしいのですが，消費量が増えるにつれてありがたさがだんだんと減っていく，すなわち，限界効用が逓減していくことが多いのです。このように，多くの財では消費量が増加するにつれて限界効用は逓減していくことを，**限界効用逓減の法則**といいます。

限界効用逓減の法則

多くの財では，消費量の増加につれて，しだいに**限界効用**が減少する
　　　　　　　　　　　　　　　　　　　　　↑
　　　　　　　　消費量を 1 単位増やしたときの効用の増加分

　限界効用理論では，この限界効用逓減の法則を前提にして，家計がどのように効用を最大化するかを考えます。

●加重限界効用＝1 円あたりの限界効用

　いま，図表 1-2 のように，りんごと高級メロンがあるとしましょう。1 個消費したときの効用の増加（限界効用）は，りんごが 1000 で高級メロンは 10000 だとします。限界効用（の数値）だけで比べると，りんごより高級メロンのほうが限界効用（の数値）は大きいのですが，だか

講義1●限界効用理論　　**9**

図表 1-2 ●加重限界効用

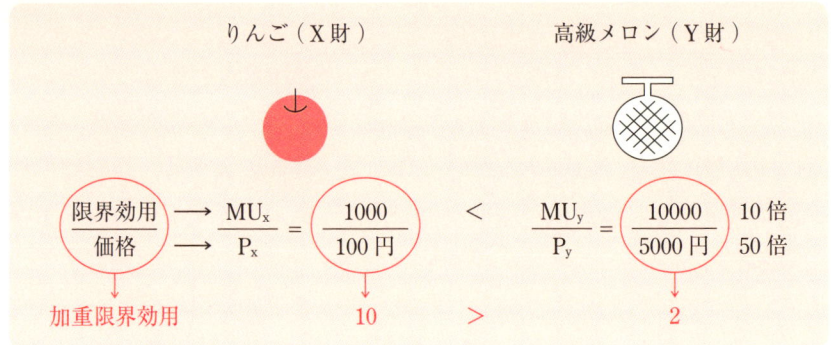

らといって家計が高級メロンを買うということにはなりません。なぜなら，高級メロンはりんごよりも値段（価格）が高いからです。図表 1-2 では，りんごに比べて高級メロンの限界効用は 10 倍ですが，価格は 50 倍です。価格が 50 倍であれば，良さ（限界効用）も 50 倍でないと割に合わないのではないでしょうか。このように，財の良さ（限界効用）だけではなく価格も考えよう，というのが<u>加重限界効用</u>です。

> ここで加重とは，価格のちがう財の限界効用の数値について，価格も考慮して修正するという意味です。

加重限界効用とは 1 円あたりの限界効用のことで，ある財の限界効用をその財の価格で割ることにより求めます。図表 1-2 でいえば，りんごの加重限界効用は，限界効用（1000）を価格（100 円）で割った 10 です。100 円出して 1000 効用が増加するので，1 円あたりの効用の増加は 10 だということです。りんごを X 財として，X 財の価格を P_x，X 財の限界効用を MU_x と書いて，

$$X 財の加重限界効用 = \frac{MU_x}{P_x}$$

とあらわしたりもします。同様に，高級メロン（Y 財）の 1 円あたりの限界効用である加重限界効用も，限界効用（MU_y）10000 を価格（P_y）5000 円で割り，

$$\frac{MU_y}{P_y} = \frac{10000}{5000} = 2$$

と計算できます。

1円あたりの限界効用である加重限界効用で比べると，高級メロンは2しかありませんが，りんごは10と5倍です。つまり，おなじ1円を支出したときに，高級メロンでは2しか効用は増加しないが，りんごなら10だけ効用が増加するということです。そして，家計は効用を最大化させるように行動するので，加重限界効用の大きいりんごを消費することになります。

　ここでのポイントは，限界効用とは1個あたりの効用の増加分なので，1個の価格がちがう場合，そのまま比べることはできないのですが，加重限界効用はりんごも高級メロンもおなじ1円あたりの効用の増加分なので比べることができるという点です。じつはこれは「値段の割に良い」ということをあらわしているのです。つまり，

$$値段の割に良い = \frac{良さ}{値段} = \frac{限界効用}{価格} = 加重限界効用$$

というわけです。コストパフォーマンスという言葉も，良さ（パフォーマンス）を価格（コスト）で割った「1円あたりの良さ」ですからおなじ考えです。

加重限界効用

$$1円あたりの限界効用 = \frac{限界効用（MU）}{価格（P）}$$

●加重限界効用均衡の法則

　各財の加重限界効用が等しいときに，家計（消費者）の効用が最大となっているということを，**加重限界効用均等の法則**といいます。どうして，加重限界効用が等しいときに効用が最大となるのかを説明するのは大変なので，つぎのように考えてみて下さい。

　加重限界効用がちがうときには，加重限界効用が小さい財の消費を1円減らし，その1円を加重限界効用が大きい財の消費にあてることによって効用を増やすことができます。図表1-2の例でいうと，加重限界効

用が2のメロンの消費を1円減らすと，効用は2減ります。

> メロンの加重限界効用＝1円あたりの限界効用。

そして，その1円を加重限界効用10のりんごに支出すると，効用は10増加します。つまり，メロンを1円やめて代わりにりんごに支出すると，効用は2減るが10増えるので，最終的に8増加します。効用が増加するということは，まだ効用が最大になっていないということを意味します。

そして，このように，加重限界効用の小さいメロンの消費量を減らすと限界効用逓減の法則からメロンの限界効用が増加していき，メロンの

> 「消費量が増えると限界効用がだんだん減る」ので
> 「消費量が減ると限界効用はだんだん大きくなります」。

加重限界効用も大きくなります。逆に，加重限界効用の大きいりんごの消費量は増やすので，限界効用逓減の法則から限界効用はだんだんと減少し，りんごの加重限界効用は減少します。その結果，最終的に，メロンの加重限界効用とりんごの加重限界効用が等しくなります。

そして，加重限界効用が等しいときにはもう効用は増やせません。たとえば，りんごもメロンも加重限界効用が5になったとしましょう。このとき，片方を1円分やめて他方を1円分増やしても，1円あたりの限界効用がどちらも5でおなじなので，もうこれ以上効用が増えることはありません。「もうこれ以上効用が増えない」とは，効用が最大となっている状態だというわけです。

演習問題 1-1

つぎの用語を説明しなさい。
（1）限界効用逓減の法則
（2）加重限界効用均等の法則

解答

（1）限界効用逓減の法則とは，多くの財では，消費量の増加にともなって限界効用（消費量を1単位増やしたときの効用の増加分）は

> 限界効用の説明は必須です。

しだいに減少するということをいう。

（徐々に，だんだんとでもOKです。）

（2）加重限界効用均等の法則とは，各財の加重限界効用（1円あたりの限界効用であり，限界効用を価格で割ったもの）が等しいときに効用が最大になるという法則である。なお，限界効用とは消費量を1単位増やしたときの効用の増加分をいう。

講義 LECTURE 02 無差別効用理論

　前回勉強した限界効用理論では，効用を100や150と数えることができるという，効用の基数的可測性を前提としました。しかし，わたしたち家計（消費者）は，効用を100とか150とかと数えることはできず，「こちらよりもあちらのほうが好き（効用が大きい）」と効用の大小関係，つまり順序くらいしかわかりません。この効用の序数的可測性を前提と

（効用の序数的可測性です。）

して家計の行動を考えよう，というのが無差別曲線理論です。
　この無差別曲線理論は，家計において効用の大きさは順序しかわからないという序数的可測性の前提のもとで導かれる無差別曲線と，予算制約線という2つの道具をつかって，最適消費点という結論を求める理論です。それでは，単純化のための前提条件（仮定）→無差別曲線→予算制約線→最適消費点の順に説明していきましょう。

●前提条件（仮定）

　わたしたちは，毎日多くの財を消費していますが，そのままでは話が複雑になり，分析がむずかしくなってしまいます。そこで，ここでは財はX財とY財の2つしかないという世界を前提としましょう。そして，かぎられた予算（M）でX財とY財の消費をおこない，効用を最大に

（予算は所得とよばれることもあり，MoneyのMであらわすことが多いようです。）

しようとする家計の行動を分析します。ただし，家計はX財とY財の消費によってのみ効用を得るのであって，予算を使い残したお金は効用を生まないと仮定します。現実には，使い残したお金でも将来消費ができるので効用を得ることはできるのですが，そうなると現在と将来とい

う2つの時点を考えなくてはならなくなり，複雑になってしまいます。そこで，現在の時点だけを考え，将来については考えなくてもよいように，財の消費によってのみ効用を得ると仮定するのです。

単純化のための仮定
①財はX財とY財の2つだけ
②家計はX財とY財の消費によってのみ効用を得る

●無差別曲線の意味（定義）

横軸をX財の消費量（xとします），縦軸をY財の消費量（yとします）とすると，図表2-1の1つの点はxとyの組み合わせとなります。たとえば，点Aであればxが1個，yが7個という組み合わせで，点Bであればxが2個でyが5個という組み合わせです。

そして，ある家計（消費者）にとって点A（1，7），点B（2，5），

（横軸の値，縦軸の値）ですのでx=1個，y=7個という意味です。

点C（3，3）がおなじ効用だったとしましょう。この効用が等しい点をむすんだ線Uを無差別曲線といいます。

効用が等しい＝無差別というのが名前の由来です。Uは効用（Utility）からきています。無差別はIndifferentなのでIであらわすこともあります。

図表2-1 ●無差別曲線の意味

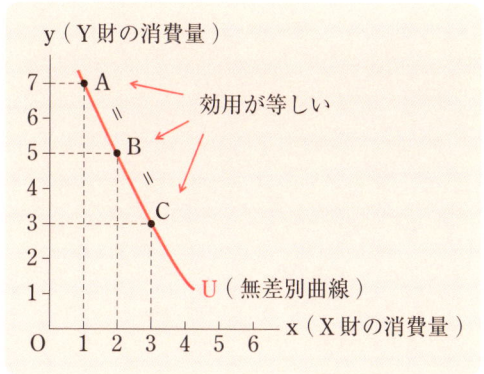

ですから，**無差別曲線を正確に定義すると，効用の等しいX財の消費量（x）とY財の消費量（y）の組み**

点のことです。

合わせの集合となります。

点をむすんだものは点の集合ということもできます。

●無差別曲線の特徴

　無差別曲線を描く際には4つの仮定をおきますが，ここでは，とくに出題される可能性が高い2つの仮定，不飽和の仮定（ふほうわ）と限界代替率逓減（げんかいだいたいりつていげん）の仮定について説明します。

①不飽和の仮定（単調性の仮定）

　限界効用がプラスの財を **goods**（グッズ）といいます。
消費量が1単位増えると効用の増加分がプラス，つまり効用が増えるということです。
そして，**不飽和の仮定**とは，X財とY財が常にgoodsであるという仮定です。これにたいして，限界効用がマイナスの財を **bads**（バッズ）といいますが，これは消費量が増えると効用が低下してしまうような財のことをいいます。不飽和の仮定とは，X財，Y財ともに常にgoodsであり，badsにかわることはないという意味で，ワンパターン（単調）であることを仮定しているので**単調性の仮定**ともいいます。

　この不飽和（単調性）の仮定をおいた場合，図表2-2で点AからA′へとxが増加すると効用は増加し，
X財はgoodsなのでxの増加により効用は増加します。
もとの効用に戻るためにはyが減少し効用が低下する必要があります。
goodsであるY財が減少すれば効用は低下します。

図表2-2 ● 無差別曲線は右下がり。右上方のものほど効用が大きい。

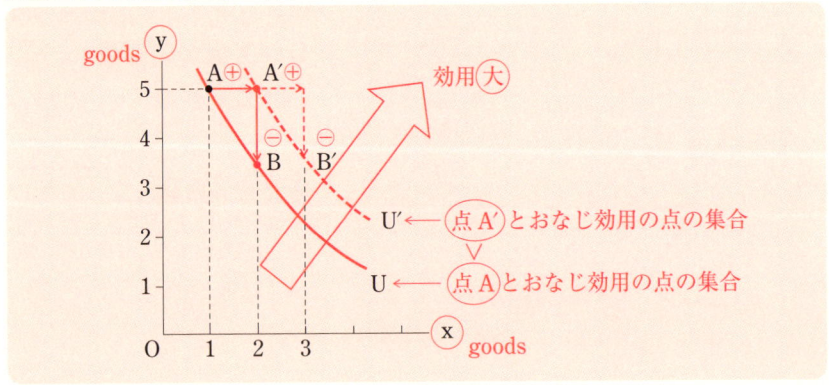

すると，点Aとおなじ効用の点Bは必ず右下に存在することとなり，効用が等しい点Aと点Bをむすんだ無差別曲線Uは，右下がりとなります。

同様に，点A'とおなじ効用の点B'もA'の右下に存在し，効用の等しい点A'とB'をむすんだ無差別曲線U'を描くことができます。無差別曲線U'は点A'と効用の等しい点の集合で，一方，Uは点Aと効用の等しい点の集合です。そして，点Aと点A'を比べると，yは5でおなじですが，xはA'のほうが2と，Aの1より多いので効用も大きい，つまりU'のほうがUより効用が大きいとわかります。このように，無差別曲線はUよりも，U'のように右上方にあるものほど効用が大きくなります。

もっと直感的に，右上方とはgoodsであるX財とY財の消費量（x，y）がともに増えるのですから効用は増えると考えることもできます。

②限界代替率逓減の仮定

限界代替率とは，xが1単位増えたときに，もとの効用に戻るために減らさなくてはならないyの量です。たとえば，xをポテトチップ，y をチョコレートとし，当初xは1袋，yは10枚だったとしましょう。このとき，xは少ないので貴重ですが，yは10枚もあるのでそれほど貴重ではありません。そこで，xを1袋くれれば，yを4枚あげてもよい（x；1袋とy；4枚がおなじ効用だ）と考えているとしましょう。

図表2-3 ●原点に凸（トツ）

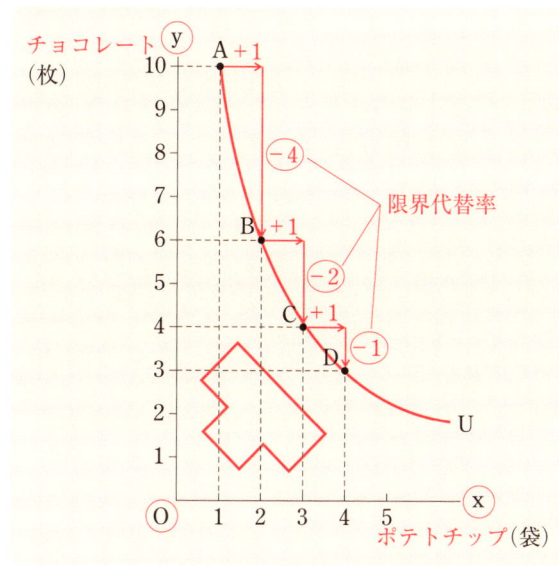

このとき，限界代替率は4となります。これにより，点Aからxが1袋増えたときに，yを4枚減らすと，点Bへと移動することになり，点Bではxが2袋，yは6枚となっています。

では，点Bの状態からxがもう1袋増えたらどうでしょうか。こんどは，xをすでに2袋もっていますから，さらに1袋増えても以前ほどはうれしくはないでしょう。それにたいし，yはもう6枚しかありませんから，以前の10枚のときよりはかなり貴重になってきています。ですから，xが1袋増えてもそれほど効用は増えず，代わりにあげるyは貴重になっているので，以前のようにyを4枚もあげることはできません。そこでここでは，xが1袋増えたら，yは2枚だけあげてもよい（x：1袋とy：2枚がおなじ効用）と考えているとしましょう。このとき限界代替率は2となり，点Bから点Cへ移動します。

点Cでは，xは3袋もあるので貴重ではなくなってきますが，yは4枚しかないのでさらに貴重なものとなってきます。したがって，<u>xが1袋増えたときに，もとの効用に戻るために減らすyの量はさらに少なく</u>

（これが限界代替率です。）

なり，1になったとしましょう。

このように，点Aからxを1袋増やし，もとの効用に戻るためにyを減らしていくと，xのありがたさは減少し，yのありがたさは増加するので，限界代替率がしだいに減ることが多く，このことを**限界代替率逓減の法則**といいます。ただし，この法則は必ず成り立つとはかぎらないので，限界代替率逓減の仮定，あるいは，限界代替率逓減の法則を仮定するという場合もあります。

ところで，図表2-3において点A，B，C，Dは効用のおなじ点ですから，これらの点をむすんだUは無差別曲線です。そして，限界代替率が4→2→1としだいに減少していくと，無差別曲線は原点Oにたいして出っ張った曲線となります。これを「原点に凸」といいます。

（凸は「トツ」と読み，出っ張ったという意味です。）

以上より，無差別曲線は図表2-4のように，右下がりで原点に凸，そ

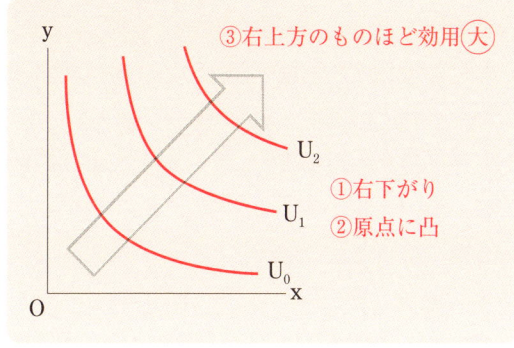

図表 2-4 ●無差別曲線の形状

③右上方のものほど効用 大
①右下がり
②原点に凸

して，右上方のものほど効用が大きいという特徴をもつことになります。

そして，この無差別曲線だけだと，家計は効用最大となるように行動するので，もっとも右上方の無差別曲線上の点を選

これが効用最大となります。

択します。もっとも右上方とは，x，y ともに無限に大きい量ということです。つまり，x も y も goods なので，無限に大量に消費すれば効用が最大ということになるのですが，現実的ではありません。なぜなら，わたしたちはお金を無限にもっているわけではないので，買い物の予算にはかぎりがあり，X 財や Y 財を無限に買うことはできないのです。そこで，この予算による制約について考えようというのが，予算制約線です。

●予算制約線

いま，予算が 1000 円，ポテトチップ（X 財）の価格（P_x）が 200 円，チョコレート（Y 財）の価格（P_y）が 100 円だったとします。まず，ちょうど予算を使い切るようなポテトチップの量（x）とチョコレートの量（y）を考えましょう。すると，

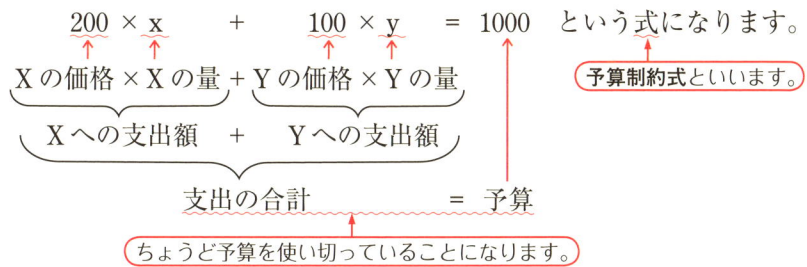

という式になります。

予算制約式といいます。

ちょうど予算を使い切っていることになります。

・x が 0 袋のとき，予算 1000 円で 100 円の Y は 10 枚買えるので，y = 10〈図表 2-5 の点 A〉。

- xが1袋のとき、Xへの支出は200円で、のこり800円で100円のYは8個買えるため、y=8〈点B〉。
- xが2袋のとき、Xへの支出は200円×2=400円で、のこり600円で100円のYは6個買えるため、y=6〈点C〉。
- xが3袋のとき、Xへの支出は200円×3=600円で、のこり400円で100円のYは4個買えるため、y=4〈点D〉。
- xが4袋のとき、Xへの支出は200円×4=800円で、のこり200円で100円のYは2個買えるため、y=2〈点E〉。
- xが5袋のとき、Xへの支出は200円×5=1000円なので、のこりはなく、y=0〈点F〉。

となります。以上をグラフに描くと、図表2-5の点A、B、C、D、E、Fのようになります。そして、予算をちょうど使い切るA、B、C、D、E、Fをむすんだ直線AFが**予算制約線**です。

この予算制約線上の点がちょうど予算を使い切るのにたいし、たとえば点Gのような、予算制約線AFの内側の点は、消費量が少ないため、予算を使い残す状態です。

逆に、点Hのように、予算制約線AFより右上方にあると、消費量が多いので、予算オーバーの状態となります。したがって、予算で選択可能な点は、予算制約線AFと縦軸、横軸に囲まれた△OAF内ということになります。この△OAFは、予算内で選択可能な点をあらわしているので、**選択可能領域**とか**入手可能領域**とよびます。

(選択可能集合ともよばれます。)

では、こんどは、X財の価格をP_x、Y財の価格をP_y、予算をMとい

図表2-5 ●予算制約線①

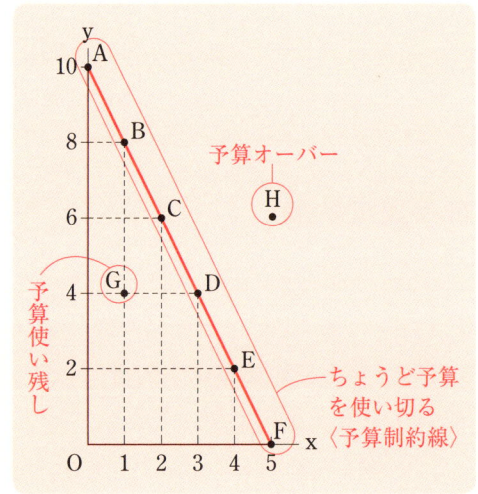

う記号であらわしたときの予算制約式を考えましょう。X財への支出は$P_x \cdot x$、Y財への支出は$P_y \cdot y$なので支出額は合計で$P_x \cdot x + P_y \cdot y$とな

> 文字どうしの掛け算では$P_x \times x$とせず、$P_x \cdot x$や$P_x x$のように掛け算の記号「×」を省略します。

ります。これが予算（M）と等しいときに、ちょうど予算を使い切るので、

$$\underbrace{\underbrace{P_x \cdot x}_{\text{Xへの支出}} + \underbrace{P_y \cdot y}_{\text{Yへの支出}}}_{\text{支出の合計}} = \underbrace{M}_{\text{予算}}$$

となります。これをグラフであらわすと、図表2-6のABのようになります。直線ABが縦軸とぶつかる点Aを縦軸切片、横軸とぶつかる点Bを横軸切片といいますが、この2つの切片、点A、Bが重要ですのでくわしく説明することにしましょう。

図表2-6 ●予算制約線②

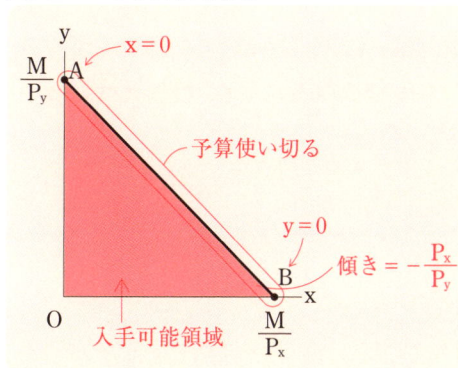

予算制約線AB上の点はちょうど予算を使い切っているので、点A、点Bでも予算を使い切っています。しかも、点Aは横軸のx=0ですから、予算を使い切り、Yだけを買っていることになります。そのときのyの量は、予算（M）をYの価格（P_y）で割った$\frac{M}{P_y}$個となります。この$\frac{M}{P_y}$が点Aの高さとなり、縦軸切片の値です。

おなじように、点Bも予算制約線AB上にあるので予算（M）を使い切っており、こんどは縦軸のy=0なので、予算をすべて使い切って、Xだけを買っていることになります。そのときのxの量は、予算（M）をXの価格（P_x）で割った$\frac{M}{P_x}$個となります。この$\frac{M}{P_x}$が点Bの横の値

講義2 ●無差別効用理論　**21**

となり，横軸切片の値です。

この予算制約線の傾きは，$P_x \cdot x + P_y \cdot y = M$ を変形し，$y = -\dfrac{P_x}{P_y} \cdot x + \dfrac{M}{P_y}$ とすると，x の前の $-\dfrac{P_x}{P_y}$ が傾きとなります。なお，経済学でいう**傾き**とは「横に＋1進んだときに縦にどれだけ変化したか」をいい，$y = -\dfrac{P_x}{P_y} \cdot x + \dfrac{M}{P_y}$ より，横に x が＋1増えると，y は $-\dfrac{P_x}{P_y}$ だけ変化することがわかります。この式の変形ではわかりにくいという人は，

$$\text{予算制約線の傾き} = -\frac{\text{横軸の価格}}{\text{縦軸の価格}} \left(= -\frac{P_x}{P_y} \right)$$

とおぼえておきましょう。

そして，図表 2-6 の予算制約線 AB と縦軸，横軸に囲まれた△OAB が入手可能領域となります。

それではさいごに，図表 2-6 の予算制約線と図表 2-4 の無差別曲線を，図表 2-7 に同時に描いて，最適消費点を求めることにしましょう。

● 最適消費点

最適消費点とは，予算制約のもとで効用最大となる消費量の組み合わ

図表 2-7 ●最適消費点

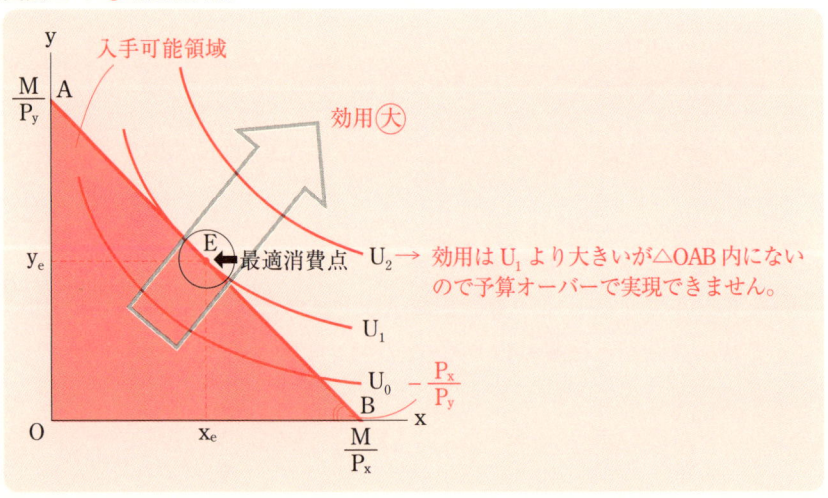

せ（点）をいい，つぎのようにして求めます。図表2-7において，予算制約線がABであるとすると，入手可能領域は△OABとなります。家計は△OAB内で効用が最大となる点を選択します。

ここで，無差別曲線は右上方に位置するものほど効用が大きいので，U_0よりU_1，U_1よりU_2のほうが効用は大きくなります。そして，入手可能領域△OAB内で，もっとも効用が大きい，すなわち，もっとも右上方の無差別曲線上にある点は，ABとU_1が接する点Eとなります。この点が予算制約内で効用が最大となるので，家計が選択する点となり，最適消費点となります。したがって，消費量はx_eとy_eの量と決まります。

演習問題 2-1

空欄に適切な語句を入れて埋めなさい。

無差別曲線は効用の ① 的可測性を前提として，通常X財，Y財ともに常にgoodsであるという ② の仮定をおくので，無差別曲線は ③ 下がりとなり，右上方のものほど効用が大きいという性質をもつ。また， ④ を仮定することにより原点に凸の形状となる。

X財の消費量をx，価格をP_x，Y財の消費量をy，価格をP_yとすると，予算制約線を ⑤ という式であらわすことができ，予算制約線と縦軸，横軸に囲まれた三角形が ⑥ となる。

家計は， ⑥ 内で効用最大，すなわち，もっとも ⑦ の無差別曲線を通る点を選び，それは，通常は無差別曲線と予算制約線の ⑧ となる。この点を ⑨ とよぶ。

解答

①序数　②不飽和（単調性）　③右　④限界代替率逓減（の法則）　⑤$P_x \cdot x + P_y \cdot y = M$　⑥入手（選択）可能領域　⑦右上方　⑧接点　⑨最適消費点

演習問題 2-2

つぎの用語を説明しなさい。
（1）無差別曲線
（2）限界代替率
（3）goods
（4）最適消費点

解答

（1）無差別曲線とは，効用の等しい消費量の組み合わせの集合である。不飽和の仮定をおくことにより，右下がりとなり，右上方のものほど効用が大きく，限界代替率逓減の仮定をおくことにより，原点に凸となる。

（2）限界代替率とは，X財の消費量が1単位増えたときに，もとの効用に戻るために減らさなくてはならないY財の消費量をいう。通常，この限界代替率の逓減を仮定することによって，無差別曲線は原点に凸の形状となる。

（3）goodsとは限界効用がプラス，すなわち，消費量が増えると効用が増える財である。

（4）最適消費点とは，予算制約内で効用最大となる消費量の組み合わせをいう。通常は，予算制約線と無差別曲線の接点が最適消費点となる。

演習問題 2-3

無差別曲線理論について説明しなさい。

解答

1．無差別曲線理論とは，無差別曲線と予算制約線をもちいて，家計の消費行動を説明する理論である。

2．いま，財はX財とY財のみとし，X財の消費量をx，価格をP_x，Y財の消費量をy，価格をP_yとする。

図1●

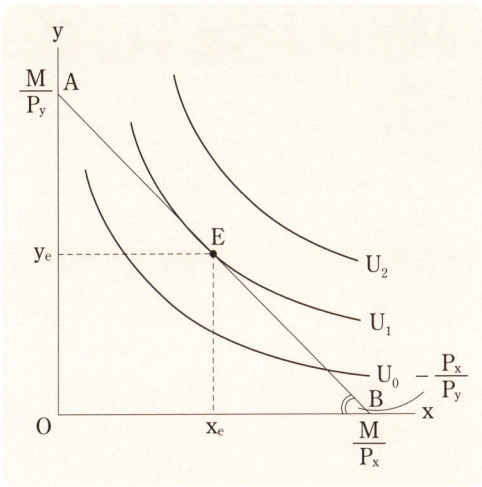

3．無差別曲線とは，効用が等しいxとyの組み合わせの集合をいう。X財，Y財ともに常にgoodsという不飽和の仮定をおくと無差別曲線は右下がりとなり，右上方のものほど（図1のU_0よりU_1，U_1よりU_2），効用が大きくなる。また，限界代替率逓減を仮定することにより，無差別曲線は原点に凸の形状となり，図1のU_0，U_1，U_2のように描くことができる。

4．(1) 予算制約線とは予算をちょうど使い切るxとyの組み合わせの集合をいい，$P_x \cdot x + P_y \cdot y = M$とあらわすことができる。これを図示すると図1の直線ABとなる。

(2) この予算制約線ABと縦軸，横軸に囲まれた△OABが予算内で選択可能な領域となる。

5．家計は，選択可能領域△OAB内で効用最大，すなわち，もっとも右上方の無差別曲線上の点を選ぶので，ABとU_1の接点Eを選ぶ（最適消費点）。したがって，家計はX財をx_e，Y財をy_eだけ消費する。

以上

LECTURE 03 所得の変化と消費

　前回は無差別曲線理論について説明しましたが，今回はその無差別曲線理論をつかって，所得（予算）が変化したときに，家計の消費行動がどのようにかわるか，ということについて考えます。とくに，上級財・中立財・下級財については，次回の「価格の変化と消費」でも重要となるのでしっかりマスターしてください。

●所得の変化による予算制約線のシフト

　講義02に引き続き，財はX財とY財のみとし，家計は所得（M）をつかって効用最大となるように，XとYを消費するとします。そして，横軸をX財の消費量（x），縦軸をY財の消費量（y）としたグラフに予算制約線を描くと図表3-1のABとなります。

予算制約線ABのくわしい説明は講義02の図表2-6へ。

　縦軸切片は，所得を使い切りYだけを消費したときのYの消費量（y）なので，所得がMのときには$\frac{M}{P_y}$個で点Aですが，所得が2倍の2Mとなると$\frac{2M}{P_y}$個となり，点A'となります。つまり，所得が2倍になったのでYを2倍消費することができるのです。

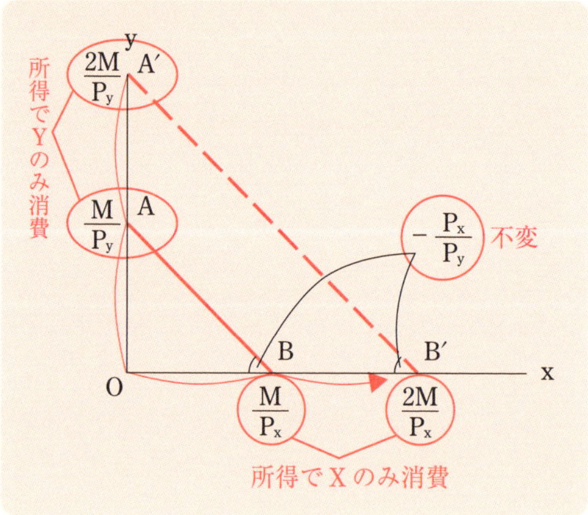

　同様に，横軸切片は，所得を使い切りXだけを消

図表3-1 ●所得の変化による予算制約線

所得でYのみ消費　　$\frac{2M}{P_y}$ A'　　$\frac{M}{P_y}$ A　　$-\frac{P_x}{P_y}$ 不変　　B　B'　　$\frac{M}{P_x}$　$\frac{2M}{P_x}$　所得でXのみ消費

費したときのXの消費量（x）なので，所得がMのときには$\frac{M}{P_x}$個で点Bですが，所得が2倍の2Mとなると$\frac{2M}{P_x}$個となり，点B′となります。

その結果，所得（予算）がMから2Mへ2倍になると，予算制約線はABからA′B′へと右上へシフトします。なお，予算制約線の傾きは$-\frac{P_x}{P_y}$ですが，所得がMから2Mへと2倍になってもPxとPyは変化していないので，傾きはかわっていません。つまり，ABとA′B′は傾きがおなじなので平行です。

> ■ **所得の変化による予算制約線のシフト**
> 所得（M）が増加　⇨　予算制約線は平行に右上方にシフト

● 上級財・中立財・下級財

それでは，所得が増加したときのX財の消費量の変化について考えましょう。無差別曲線U_0とU_1の並び方（位置）によって，Xの消費量が増加するケース（図表3-2），不変のケース（図表3-3），減少するケース（図表3-4）があります。

図表3-2 ●上級財

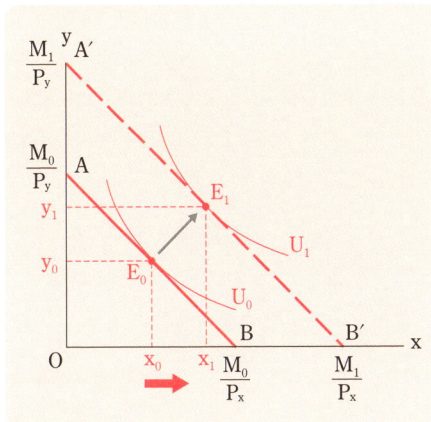

図表3-2では，所得（M）の増加によって，予算制約線がABからA′B′へと右上方へシフトしました。当初の予算制約線ABのときには，入手可能領域は△OABとなります。△OAB内で効用最大，つまり，もっとも右上方の無差別曲線U_0上にあるのは，ABとU_0の接点E_0となり，消費量はx_0とy_0となります。いま，所得がM_0から

M_1 へと増加したことによって，予算制約線が $A'B'$ へと右上方へシフトすると，入手可能領域は △$OA'B'$ へと拡大します。その結果，U_0 よりも右上方で効用が大きい U_1 が可能となり，最適消費点は U_1 と $A'B'$ の接点 E_1 となり，消費量は x_1, y_1 となります。所得の増加によって x_0 から x_1, y_0 から y_1 へと X 財，Y 財ともに消費量が増加しています。このように，所得の増加にともなって消費量が増加する財を**上級財**といいます。

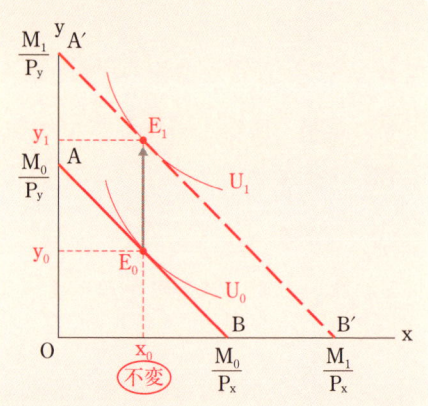

図表 3-3 ● 中立財

> 多くの財が上級財なので**正常財**ともよばれます。

同様に，図表 3-3 のケースを考えましょう。所得が増加することによって，予算制約線が AB から $A'B'$ へとシフトし，入手可能領域が △OAB から △$OA'B'$ へと拡大します。その結

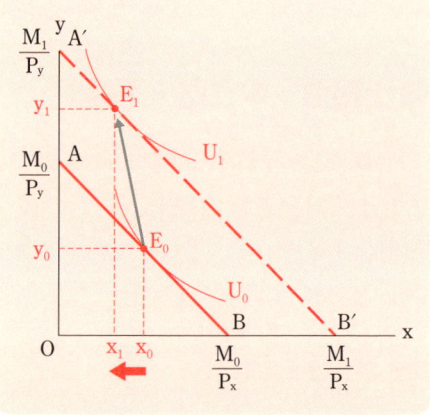

図表 3-4 ● 下級財

果，最適消費点は E_0 から E_1 となり，X の消費量は x_0 のままで不変ですが，Y は y_0 から y_1 へと増加します。このときの X のように，所得が増加しても消費量が変わらない財を**中立財**といいます。

> 所得の影響を受けないので「中立」という意味です。**中級財**ともよばれます。

ちなみに，Y は y_0 から y_1 へと消費量が増加しているので上級財です。

最後に図表 3-4 のケースですが，こちらも所得の増加によって，入手可能領域は △OAB から △$OA'B'$ へと拡大しています。その結果，最適消費量は E_0 から E_1 となりますが，今回は X の消費量が x_0 から x_1 へと

減少し、Yの消費量はy_0からy_1へと増加しています。このときのXのように、所得の増加とともに消費量が減少する財を**下級財**といいます。

下級財は品質が劣ったものが多いので**劣等財**ともよばれます。

ちなみに、Yはy_0からy_1へと増加しているので上級財です。

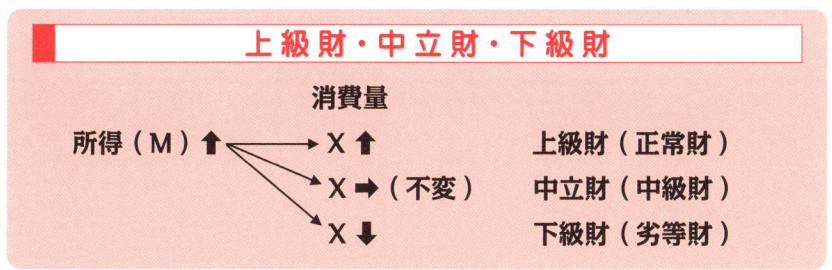

なお、上級財、中立財、下級財は、逆に所得が減少したときには、上級財であれば消費量が減り、中立財であれば変わらず、下級財であれば消費量が増加することになります。

●所得消費曲線

所得の変化にともなって変化する最適消費点をむすんだ曲線を、**所得消費曲線**といいます。たとえば、図表3-5において、所得が$M_0 \to M_1 \to M_2$と増加し、予算制約線が$AB \to A'B' \to A''B''$と右上方へシフトしたとします。その結果、最適消費点は$E_0 \to E_1 \to E_2$と変化し、これらをむすんだ曲線が所得消費曲線です。所得が0のときにはx、yともに0なので原点Oとなり、所得消費曲線は原点Oからスタートします。

図表3-5●所得消費曲線①

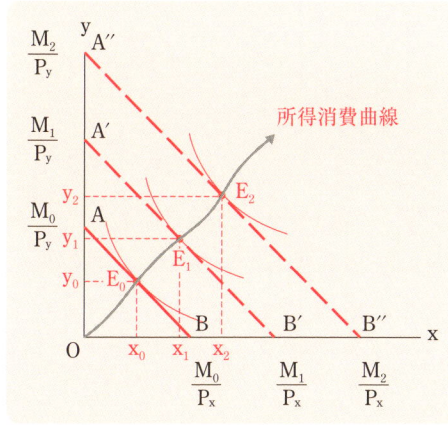

なお、図表3-5では、所得の増加にともない$O \to x_0 \to x_1 \to x_2$、$O \to y_0 \to y_1 \to y_2$と

X, Yともに消費量が増加するので, X, Yともに上級財です。

●需要の所得弾力性

所得が1%増加したときに需要量は何%増加するか, を**需要の所得弾力性**といいます。所得をM, 所得の変化量をΔM, 需要量をx, 需要の変化量をΔxとすると,

（Δはデルタと読み, ΔM=変化後のM－変化前のMです。）
（Δx=変化後のx－変化前のxです。）

$$需要の所得弾力性 = \frac{\frac{\Delta x}{x}}{\frac{\Delta M}{M}}$$

とあらわすことができます。こう書くとむずかしそうなのですが, 具体例で考えるとわかりやすくなります。たとえば, 所得が100万円から102万円に増加したときに, 需要量が10個から11個に増えたというケースを考えましょう。このとき, 所得（M）=100万円, 所得の変化量=102-100=+2万円, 需要量（x）=10個, 需要の変化量=11-10=+1個となります。これを式にあてはめると,

$$需要の所得弾力性 = \frac{\frac{\Delta x}{x} \leftarrow \frac{+1個}{10個}}{\frac{\Delta M}{M} \leftarrow \frac{+2万円}{100万円}} = \frac{+0.1 (+10\%)}{+0.02 (+2\%)} = 5$$

（10%需要量が増加）
（2%所得が増加）

となります。これは$\frac{\Delta x}{x}$が需要量の変化率（+10%）を意味し, これを$\frac{\Delta M}{M}$, つまり, 所得の増加率（+2%）で割っています。ここでは10%需要量（x）が増えたといっても, 所得が2%増えているのですから, 所得が1%増加したときの2倍増えてしまっています。したがって, 所得が1%増加したときには, 需要量の増加10%を2で割った5%しか増加しないものと考えられます。このようにして, 需要の所得弾力性は5と計算されるのです。

ちなみに，上級財の場合には，所得が1％増加したときに需要量は増え，プラス0.1％とかプラス5％と変化するので，需要の所得弾力性はプラスとなります。中立財の場合には，所得が1％増加しても需要量は変化せず，需要量の増加率は0％なので，需要の所得弾力性は0となります。下級財の場合には，所得が1％増加すると需要量は減少し，マイナス1％とかマイナス2％と変化するので，需要の所得弾力性はマイナスとなります。

　さらに，需要の所得弾力性がプラスである上級財のうち，需要の所得弾力性が1以上の財を**奢侈品**といいます。たとえば，需要の所得弾力性が2の財は，所得が10％増えると需要量は20％増加し，所得の増加にともない，所得よりも大きな比率で増加していくので，お金持ちほどたくさんもっているものということになります。ですから，奢侈（＝ぜいたく）品となるのです。

　これにたいし，需要の所得弾力性が1未満の財を**必需品**といいます。たとえば，需要の所得弾力性が0.1の場合を考えましょう。このとき，所得が10％増えても需要量は10％×0.1＝1％で1しか増えません。逆に所得が10％減っても需要量は10％×0.1＝1％しか減らないことにもなります。つまり，所得が減っても需要量があまり減らないのです。このような財は生活に必要なものが多いので必需品というわけです。

需要の所得弾力性

所得が1％増えたときに需要量が何％増加するか

需要の所得弾力性＞0　　上級財	需要の所得弾力性＞1	奢侈品
	1＞需要の所得弾力性＞0	必需品
需要の所得弾力性＝0	中立財	
0＞需要の所得弾力性	下級財	

　必需品と下級財は混同しやすいので気をつけましょう。必需品は需要の所得弾力性が0から1の間，つまり，所得が増えると需要量は増える

けれども，所得ほどには増えない財です。これにたいし，下級財は所得が増えると需要量は減ります。

空欄に適切な語句を入れて埋めなさい。
　所得が増加したときに需要量が増加する財を ① ，需要量が変わらない財を ② ，減少する財を ③ という。
　所得が1%増加したときに需要量が何%増加したかを ④ といい，その値がプラスである財を ⑤ といい，その中でも ④ が1以上の財を ⑥ ，1未満の財を ⑦ という。 ④ が0の財は ⑧ ， ④ がマイナスの財は ⑨ という。

解答

①上級財　②中立財　③下級財　④需要の所得弾力性　⑤上級財　⑥奢侈品　⑦必需品　⑧中立財　⑨下級財

ある家計の所得が20万円のとき，ある財の需要量が50個であった。ある家計の所得が21万円に増加したときに，需要量が55個であった。この財の需要の所得弾力性を計算しなさい。また，このような財を何とよぶか答えなさい。

解答 & 解説

　所得は20万円から21万円へと1万円上昇し，変化率は $\frac{+1}{20}$ ＝＋0.05（＋5%）。

　このとき，需要量は50個から55個へと5個増加し，変化率は $\frac{+5}{50}$ ＝＋0.1（＋10%）。

　この財は，所得が5%増加したときに需要量は10%増加しているので，所得が1%増加したときには，$\frac{10\%}{5\%}$ ＝2%だけ増加する。したがって，需要の所得弾力性は2。

　あるいは，公式として暗記できる人は，

$$\text{需要の所得弾力性} = \frac{\frac{\Delta x}{x}}{\frac{\Delta M}{M}} = \frac{\frac{55-50}{50}}{\frac{21-20}{20}} = \frac{\frac{+5}{50}}{\frac{+1}{20}} = \frac{+0.1}{+0.05} = 2$$

と計算できます。

そして，この財は需要の所得弾力性がプラスであるので上級財であり，さらに，1以上なので奢侈品です。

答　需要の所得弾力性2，上級財の中の奢侈品

LECTURE 04 価格の変化と消費

講義03では所得の変化が消費に与える影響を考えましたが、今回は、財の価格の変化が消費に与える影響について考えます。代替効果と所得効果という部分がややこしいのですが、よく問われるところですのでしっかりとマスターしましょう。

● 価格の変化と予算制約線のシフト

当初、所得が M_0、X財の価格が P_{x0}、Y財の価格が P_{y0} であり、予算制約線が図表4-1のABであったとしましょう。いま、M_0、P_{y0} は一定のまま、X財の価格だけが P_{x0} から P_{x1} へと下落したとします。

点Aは所得 (M_0) を使い切ってY財だけを買ったときのyの量なので、P_x の下落の影響は受けません。これは、点Aの値が $\frac{M_0}{P_{y0}}$ と P_x が入っていないことからもわかります。ですから点Aは動かず不変です。

これにたいし、点Bは所得 (M_0) を使い切ってX財だけを買ったときのxの量なので、P_x の下落によりxの量は増加します。これは、点Bの値が $\frac{M_0}{P_{x0}}$ と P_x が分母 (下) にあるので、P_x が下落すれば $\frac{M_0}{P_x}$ は増加することからもわかりま

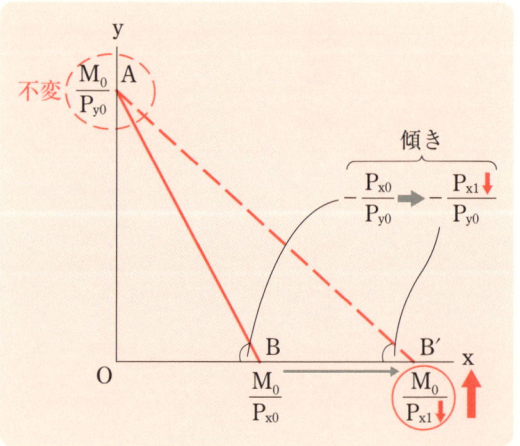

図表4-1 ● 価格の変化と予算制約線のシフト

す。その結果，点 B は B′ へと右へ移動します。

　このように，点 A はそのままで，点 B は B′ へと移動するので，予算制約線は AB から AB′ へとシフトします。AB に比べ AB′ は傾きが緩やかになっています。これは傾きが $-\dfrac{P_{x0}}{P_{y0}}$ から $-\dfrac{P_{x1}\Downarrow}{P_{y0}}$ へと，分子（上）の P_x が小さくなったからです。そして，入手可能領域は △OAB から △OAB′ へと拡大しています。これはおなじ所得（M_0）であっても P_x が下落すれば多くの X を購入できることを意味し，豊かになっていることになります。このように，<u>所得の金額そのものは変わらない</u>が，財をたくさん購入できるようになることを「**実質所得が増加した**」といいます。

（**名目所得**といいます。）

実質所得とは名目所得ではなく，財を何個買える分の所得かということです。なお，入手可能領域の拡大は右側だけで，上側には拡大していません。これは，P_x が下がったので x はたくさん買えるようになったが，縦軸の y をたくさん買えるようになったわけではないということです。

● 価格消費曲線

　こんどは，所得 M_0，Y 財の価格 P_y は P_{y0} のまま不変で，X 財の価格だけが $P_{x0} \to P_{x1} \to P_{x2} \to P_{x3}$ と下落したとします。すると，点 B は B′ → B″ → B‴ と右へ移動し，予算制約線は AB から，AB′，AB″，AB‴ へとシフトします。その結果，入手可能領域は △OAB から △OAB′，△OAB″，△OAB‴ へと拡大して，最適消費点も E_0 から E_1，E_2，E_3 と移動します。この価格の変化にともなって変化する最適消費点（E_0，E_1，E_2，E_3）

図表 4-2 ● 価格消費曲線

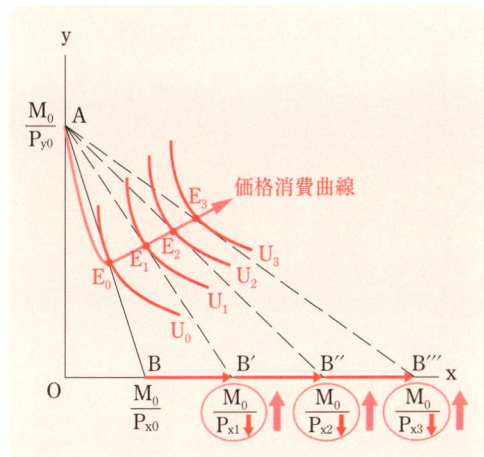

をむすんだものを**価格消費曲線**とよびます。なお，P_x が1億円のように非常に高いとき，x は0でyだけを買うので点Aとなり，価格消費曲線はAからスタートします。

●需要曲線

つぎに，無差別曲線と予算制約線のグラフ（図表4-3のA図）から需要曲線（B図）をみちびきだしましょう。X財の価格（P_x）が P_{x0} から P_{x1} へと下落したケースを考えます。すると，予算制約線はABからAB′へとシフトし，最適消費点は E_0 から E_1 へと移動し，X財の消費量は x_0 から x_1 へと増加します。

A図は横軸がx，縦軸がyですが，縦軸をyではなく P_x としたのがB図です。B図では，当初の P_x は P_{x0} と高い水準で，そのときのxは x_0 です（E_0）。ここから，P_x が P_{x1} へと下落したときには x_1 へと需要量が増加します（E_1）。このB図の E_0 と E_1 をむすんだ線が，X財の価格とX財の需要量の関係をあらわす**需要曲線**です。

ただし，この需要曲線はある家計の需要曲線ですので，**個別家計の需要曲線**とよばれます。市場には多数の家計が消費者として存在しているでしょうから，市場全体の需要量は，それぞれの家計の需要量を足し合わせたものです。これを図で説明すると，図表4-4の

図表4-3●需要曲線の導出

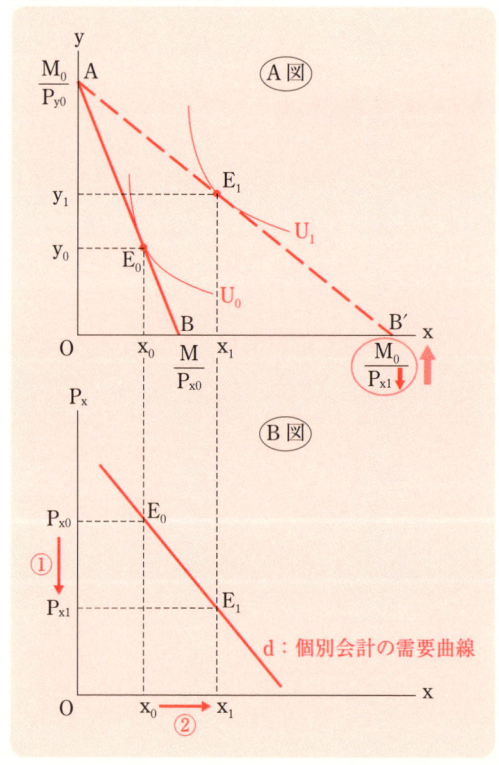

ようになります。市場に多数の家計（消費者）が存在し，その個別家計の需要曲線が d_A, d_B, d_C…のように右下がりであったとします。すると，**市場（全体）の需要量**は，P_x が 100 円のときには A の 5 個だけ，50 円のときには，A が 20 個，B が 30 個，C が 30 個…と各家計の需要量の

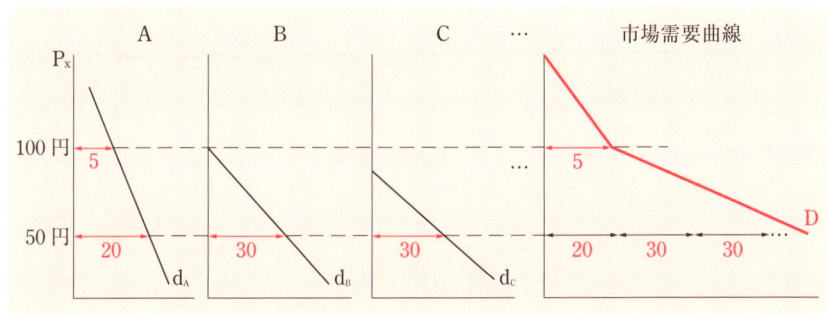

図表 4-4 ●市場需要曲線の導出

合計となりますから，d_A, d_B, d_C などの個別家計の需要曲線を横に足し合わせることによって市場需要曲線（D）を求めることができます。

（横に足すことを**水平和**（すいへいわ）ということがあります。）

そして多くの場合，需要曲線は図表 4-4 のように右下がり，つまり価格が下がると需要量は増えるという関係になります。このように，2 つの数（P_x と x）が逆方向にうごくことを**減少関数**，**マイナス（負）の関係**といいます。このような価格と需要量の負の関係を**需要の法則**といいます。

（「価格が下がれば需要量が増える」ということをむずかしく表現しているだけです。）

需要曲線

ある財の価格とその財の需要量の関係をあらわしたもの

- **個別家計の需要曲線** ← 価格の変化にともなう予算制約線のシフトによる需要量の変化より求められる
- **市場需要曲線** ← 個別家計の需要曲線を横に足して求める

需要の法則：価格と需要量の負の関係（右下がりの需要曲線）

●ギッフェン財

需要の法則にあるように，通常はある財の価格が下落すれば，その財の需要量は増加するのですが，ギッフェンという経済学者が19世紀のアイルランドで，そうならない状況を発見しました。19世紀のアイルランドは非常に貧しい国でしたが，そこで，じゃがいも（X財とします）の価格（P_x）が下がったときに需要量も減少し，価格（P_x）が上昇すると需要量も増加するという現象が観察されたのです。このような特殊な財はギッフェンが発見したので**ギッフェン財**とよばれます。

このギッフェン財は図表4-5をつかって，つぎのように説明することができます。

じゃがいも（X財）の価格がP_{x0}からP_{x1}に下落すると図表4-5のA図の予算制約線がABからAB′へとシフトします。そして，無差別曲線U_0とU_1が左上のほうに並んでいると最適消費点はE_0からE_1となり，X財の消費量はx_0からx_1へと減少してしまいます。

このX財の価格下落（$P_{x0} \rightarrow P_{x1}$）によって需要量も減少したこと（$x_0 \rightarrow x_1$）をB図に描くと，$E_0$にたいし$E_1$は左下に位置します。そして，$E_0$と$E_1$をむすぶと右上がり（左下がり）の需要曲線となります。

以上のようにして，価格が下がると需要量が減少するというギッフェン財を説明することができますが，図表4-5では「図で描くとそうなる」

図表4-5●ギッフェン財

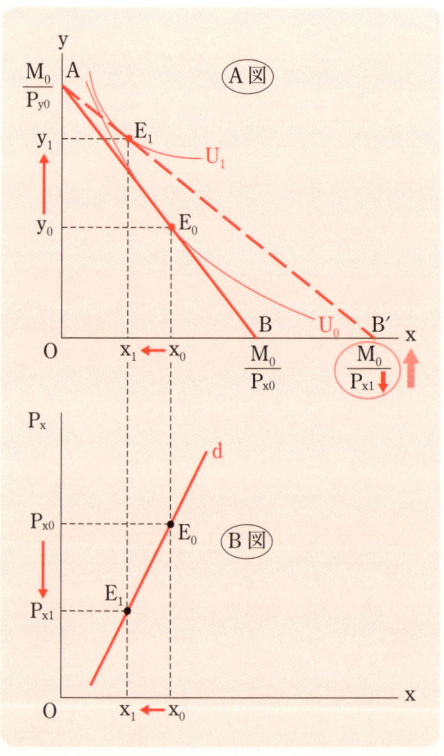

ということだけで，いまひとつ，どうして価格が下がると需要量が減ってしまうのかがわかりません。その謎に迫ることができる分析手法が，代替効果と所得効果です。

●代替効果と所得効果①言葉での説明

スルツキーという経済学者は，ある財の価格が変化したときの消費への影響を，代替効果と所得効果にわけました。

> スルツキー分解とよばれます。

この分解を，まずは言葉で説明し，つぎにグラフで説明することにしましょう。

Xの価格（P_x）下落は，家計（消費者）に2つの効果を同時に与えると考えます。その1つが**代替効果**で，Y財の価格は不変でP_xだけ下がれば，Y財に比べてX財のほうが相対的に安くなるので，Yをやめて代わりに安くなったXを消費しようという効果です。ですから，代替効果は価格の下落したXの需要量（x）を増やし，Yの需要量（y）は減らします。

図表4-6 ●代替効果と所得効果①価格下落のケース

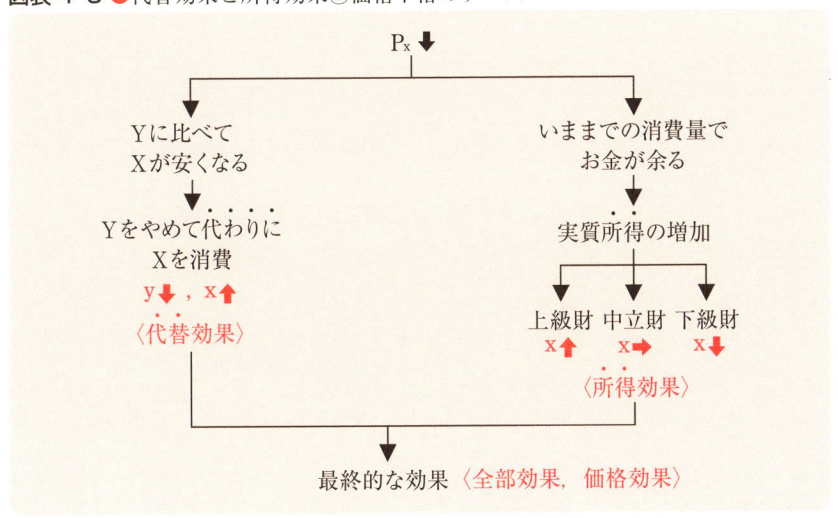

```
                    Px↓
           ┌─────────┴─────────┐
           ↓                   ↓
      Yに比べて          いままでの消費量で
      Xが安くなる          お金が余る
           ↓                   ↓
      Yをやめて代わりに      実質所得の増加
      Xを消費
       y↓，x↑         上級財  中立財  下級財
      〈代替効果〉        x↑    x→    x↓
                          〈所得効果〉
           └─────────┬─────────┘
                     ↓
              最終的な効果 〈全部効果，価格効果〉
```

もう1つの効果が**所得効果**です。P_xの下落によって，いままでの消

費量で P_x が下がった分だけお金が余り，その分たくさん消費できることになります。名目所得は変わらなくても，P_x の下落によってたくさん消費できるようになったので，実質所得が増加したことになります。実質所得が増加したとき，X が上級財であれば x は増加しますが，中立財であれば x は変わらず，下級財であれば x は減少します。

そして，最終的な効果は代替効果と所得効果を合計したもので，**全部効果**とか**価格効果**とよばれます。全部効果で x が増加するかどうかは，図表 4-7 のように整理されます。X が上級財であれば，代替効果で安くなった x が増加し，所得効果でも x が増加するので，全部効果でも x は増加します。中立財の場合，代替効果で x が増加し，所得効果では x は不変なので，全部効果では x は増加します。下級財の場合，代替効果で x は増加するものの所得効果で x が減少するので，全部効果では代替効果が大きいときには x は増加し（下級財①），代替効果と所得効果

図表 4-7 ● P_x 下落の最終的な効果

	上級財	中立財	下級財①	下級財②	下級財③
代替効果	x ↑	x ↑	x ↑	x ↑	x ↑
所得効果	x ↑	x →	x ↓	x ↓	x ↓
全部効果	x ↑	x ↑	x ↑	x →	x ↓

下級財は代替効果と所得効果のどちらが大きいかによって全部効果が 3 つにわかれます

代替効果は上・中・下で差はありません

所得効果で上・中・下のちがいがでます

ギッフェン財

がおなじときには x は不変となり（下級財②），代替効果よりも所得効果が大きいときには x は減少します（下級財③）。

そして，この下級財③こそが，価格が下がったときに需要量が減ってしまうというギッフェン財となります。このギッフェン財という特殊な現象は，P_x 低下によって安くなった x を増やそうという代替効果は働くものの，それ以上に，実質所得が増えたのだから下級財である x は減

らそうという力が強く働く結果，最終的にxが減少してしまうのです。19世紀のアイルランドのジャガイモは，まさしく貧しい人の主食であり，ジャガイモの価格が下がるとお金に余裕ができるので，ジャガイモを減らしチーズやバターを買ったということなのです。

　以上，P_x が低下したケースを考えてきましたが，価格上昇が問われることもあります。価格上昇のケースは価格下落の正反対に考えるだけでよいのですが，念のため図表4-8に P_x 上昇の効果についても整理しておきましょう。

図表4-8 ●代替効果と所得効果②価格上昇のケース

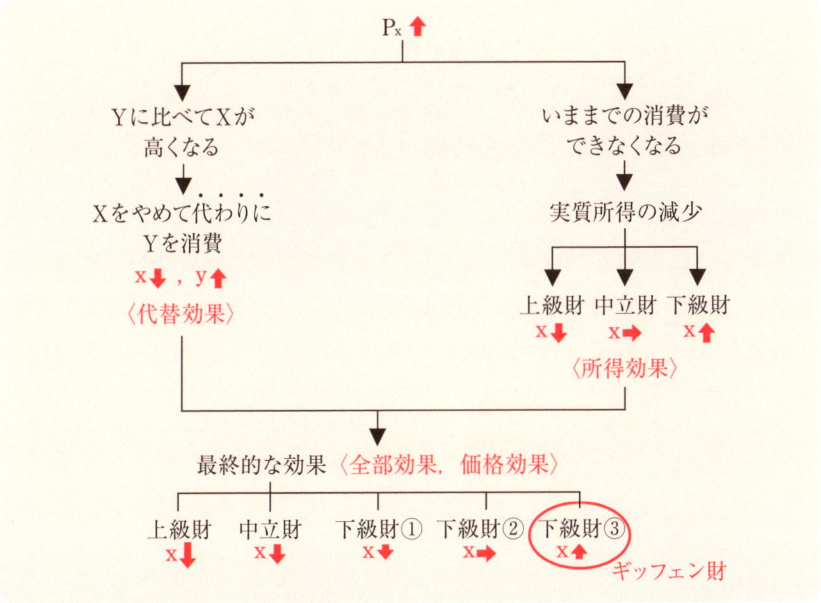

```
                        Pₓ ↑
            ┌────────────┴────────────┐
            ↓                         ↓
      Yに比べてXが              いままでの消費が
        高くなる                  できなくなる
            ↓                         ↓
     Xをやめて代わりに           実質所得の減少
        Yを消費               ┌──────┼──────┐
       x↓, y↑              ↓      ↓      ↓
      〈代替効果〉          上級財  中立財  下級財
                            x↓    x→    x↑
                              〈所得効果〉
            └────────────┬────────────┘
                         ↓
              最終的な効果〈全部効果，価格効果〉
     ┌──────┬──────┬──────┬──────┐
     上級財  中立財  下級財①  下級財②  下級財③
      x↓    x↓    x↓     x→    x↑
                                   ギッフェン財
```

● 代替効果と所得効果②グラフでの説明

　代替効果と所得効果については，グラフをつかった説明を要求されることが多いので，つぎにグラフによる説明をしましょう。上級財，中立財，下級財①，②，③のすべてを説明すると時間がかかってしまうので，出題されることの多い上級財と下級財③（ギッフェン財）に限定してくわしく説明することにしましょう。

図表 4-9 ●代替効果と所得効果＜グラフ＞①上級財のケース

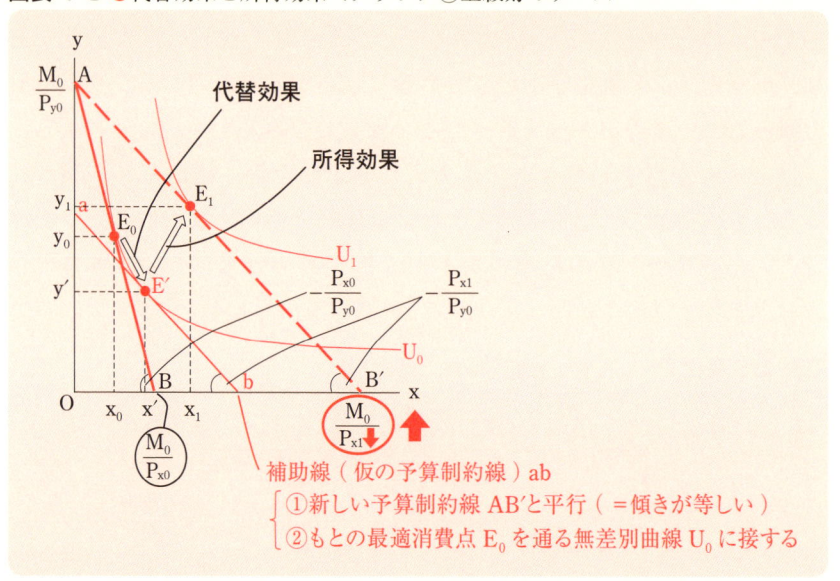

図表4-9において，P_x の下落により予算制約線は AB から AB′へとシフトし，最適消費点は E_0 から E_1 に移動したとします。この E_0 から E_1 への変化を代替効果と所得効果に分解するために，補助線 ab を引きます。この補助線 ab は，①新しい予算制約線と平行，つまり，傾きが等しく $-\dfrac{P_{x1}}{P_{y0}}$，②もとの最適消費点 E_0 を通る U_0 と接するように引きます。そして，U_0 と ab の接点を E′とすると，E_0 から E′が代替効果，E′から E_1 が所得効果となります。

所得効果（E′→ E_1）のほうがわかりやすいので，所得効果から説明しましょう。予算制約線が ab から AB′と平行に右上方にシフトしているので，これは所得が増加したケースです。

忘れてしまった人は図表3-1を確認してください。

ab から AB′と所得が増加したときに最適消費点は E′から E_1 となり，x は増加し（x′→ x_1），y も増加しています（y′→ y_1）。ですから図表4-9では，X，Y ともに上級財であることがわかります。

つぎに代替効果についてですが，こちらはむずかしいので，のこりの

E_0 から E' が代替効果だとおぼえている人がほとんどです。それでも何とかなるのですが，少し説明を加えておきます。まず，E_0 と E' はおなじ無差別曲線 U_0 上にあるので効用はおなじです。効用がおなじということは，豊かさもおなじということです。これは，価格変化によって実質所得が変化し，豊かさが変わった分は，所得効果で考えるので，代替効果では豊かさは一定でなくてはならないからです。そして，E_0 から E' への効果は，予算制約線の傾きが $-\frac{P_{x0}}{P_{y0}}$ から $-\frac{P_{x1}\Downarrow}{P_{y0}}$ と変化し，緩やかになったために生じます。これが Y にたいして X が相対的に安くなった結果，y をやめて（$y_0 \rightarrow y'\Downarrow$）代わりに x を増やした（$x_0 \rightarrow x'\Uparrow$）という代替効果をあらわしているのです。

では，もう一度，図表 4-9 の説明をしましょう。まず，予算制約線が AB から ab へシフトし，最適消費点が E_0 から E' になります。AB から ab へと予算制約線の傾きが緩やかになっており，これは Y に比べ X が相対的に安くなった（$\frac{P_x}{P_y}$ が小さくなった）ことを意味し，その結果，x は x_0 から x' へと増加し，y は y_0 から y' へと減少しているので，代替効果です。そして，予算制約線の ab から AB′ への平行シフトは，所得の増加を意味するので，最適消費点が点 E' から E_1 への移動が所得効果となります。

つぎに，ギッフェン財について図表 4-10 をもちい，代替効果と所得効果に分解しましょう。図表 4-10 では P_{x0} から P_{x1} への低下によって予算制約線は AB から AB′ へシフトし，最適消費点は E_0 から E_1 となり，x は x_0 から x_1 へと減少しています。つまり，価格（P_x）の下落により需要量（x）も下落しているので，ギッフェン財です。そして，ギッフェン財のときも上級財とおなじようにして，補助線 ab を引きます。ab は，①新しい予算制約線 ab と平行で，②もとの最適消費点 E_0 を通る無差別曲線 U_0 に接するように引きます。そして，その ab と U_0 の接点を E' とすると，E_0 から E' が代替効果，E' から E_1 が所得効果となります。

代替効果（$E_0 \rightarrow E'$）では，Y に比べて安くなった X の需要量（x）が x_0 から x' へと増していますが，所得効果（$E' \rightarrow E_1$）では X の需要量（x）

図表4-10 ●代替効果と所得効果＜グラフ＞②ギッフェン財のケース

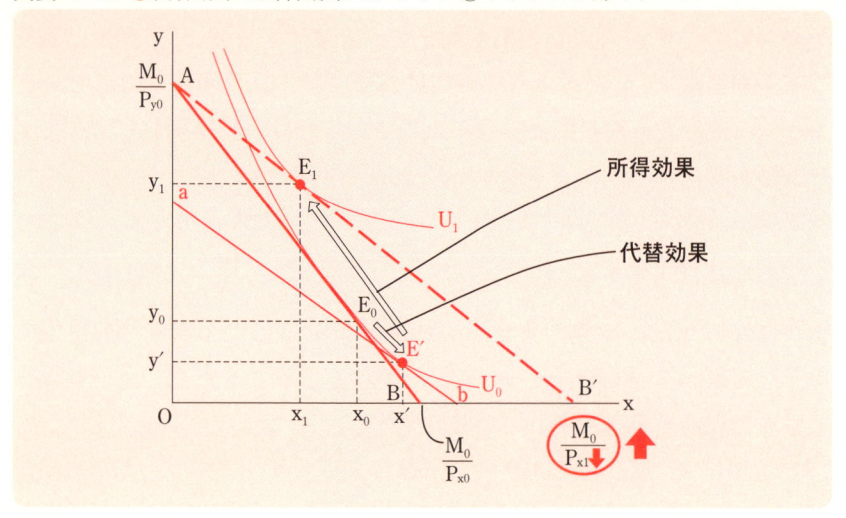

がx'からx₁へと減少しています。予算制約線がabからAB'と右上方へシフトし実質所得が増加したとき、Xの需要量はx'からx₁へと減少しているので、Xは下級財とわかります。

> 所得が増えたときに需要量が減少する財が下級財です。

そして、代替効果（$x_0 \rightarrow x'$）よりも所得効果（$x' \rightarrow x_1$）のほうが大きいので、最終的にxはx₀からx₁へと減少しているのです。

●需要の価格弾力性

それでは最後に、需要の価格弾力性について説明しましょう。**需要の価格弾力性**とは、価格が1%下落したときに需要量が何%増加するかを意味し、価格をP_x、価格の変化量をΔP_x、需要量をx、需要量の変化量をΔxとすると、

$$需要の価格弾力性 = - \frac{\frac{\Delta x}{x}}{\frac{\Delta P_x}{P_x}}$$

とあらわすことができます。こう書くとむずかしそうなのですが、具体例で考えるとわかりやすくなります。たとえば、価格が100円から95

円に5円下がったときに，需要量が10個から11個に1個増えたとしましょう。このとき，$P_x=100$で$\Delta P_x=-5$なので$\dfrac{\Delta P_x}{P_x}=\dfrac{-5}{100}=-0.05$（−5％）となり，価格の変化率が−5％，すなわち，5％価格が下落したことを意味します。このとき，$x=10$，$\Delta x=+1$なので$\dfrac{\Delta x}{x}=\dfrac{+1}{10}=+0.1$（＋10％）と需要量の変化率が＋10％，すなわち，10％需要量が増加したことになります。したがって，価格が5％下落したときに需要量は10％増えたのですが，需要の価格弾力性の「価格が1％下落したとき」よりも5倍も下がっているので，需要量の10％増加を5で割り2と計算します。つまり，価格が5％下がったときに需要量がその2倍の10％増加するのであれば，価格が1％下がったときにはその2倍の2％だけ需要量は増加するであろうと計算するのです。式にあてはめれば，

$$需要の価格弾力性 = -\dfrac{\dfrac{\Delta x}{x}\;\dfrac{+1コ}{10コ}=\;+0.1（+10％）}{\dfrac{\Delta P_x}{P_x}\;\dfrac{-5円}{100円}=\;-0.05（-5％）}$$

$$= -(-2) = 2$$

となります。通常，価格が下がりΔP_xがマイナスのとき，需要量は増加しΔxがプラスとなるので$\dfrac{\dfrac{\Delta x}{x}}{\dfrac{\Delta P_x}{P_x}}$のままではマイナスとなります。弾力性は通常のケースのときにプラスにするために$\dfrac{\dfrac{\Delta x}{x}}{\dfrac{\Delta P_x}{P_x}}$の前にマイナスをつけているのです。

ですから，ギッフェン財のときには価格が下がり，ΔP_xがマイナスのとき需要量が減少し，Δxもマイナスなので，

$$需要の価格弾力性 = -\dfrac{\dfrac{\Delta x}{x}\;\leftarrow\ominus}{\dfrac{\Delta P_x}{P_x}\;\leftarrow\ominus}$$

はマイナスとなります。

また，価格が下落しても需要量が変わらない場合は，価格が1％下落したときの需要量の増加率は0％なので，需要の価格弾力性は0となります。

なお，需要の価格弾力性と前回の講義03でまなんだ需要の所得弾力性を混同する人が多いのですが，冷静に文字を読めば混同することはありません。

> 所得が1％増加したときに需要量が何％増加するか。

需要の所得弾力性と価格弾力性

需要の所得弾力性：所得が1％増加したときに需要量が何％増えるか
需要の価格弾力性：価格が1％下落したときに需要量が何％増えるか

演習問題 4-1

空欄に適切な用語を埋めて文章を完成させなさい。

ある財の価格が1％下落したときに，その財の需要量が何％増加するかを ① という。通常の財の ① は正の値をとるが，② は負の値をとる。② は ③ 財の一種であり，価格が下落したときに ④ 効果は需要量を増やすが，③ 財であるので ⑤ 効果は需要量を減らし，後者の効果が強く働くことにより最終的に需要量が減少する。

解答
①需要の価格弾力性　②ギッフェン財　③下級　④代替　⑤所得

演習問題 4-2

つぎの用語を説明しなさい。
（1）代替効果
（2）所得効果
（3）ギッフェン財

解答
（1）代替効果とは，効用水準が一定のもとで，ある財の価格の下落（上

昇）によって，他の財よりも相対的に安く（高く）なったことが消費に与える影響をいう。

（2）所得効果とは，価格変化にともなう実質所得の変化が消費に与える影響をいう。

（3）ギッフェン財とは，価格が下落すると需要量も減少する財をいう。下級財であり，所得効果が代替効果よりも大きいことから，価格の下がった財の需要量がかえって減少することとなる。

> **演習問題 4-3** 価格の変化が消費に与える影響について，図をつかって説明しなさい。ただし，代替効果，所得効果，価格効果という言葉を必ずもちいること。

解答＆解説

1. M_0 の所得をもつ家計が，財 X と Y の消費によってのみ効用を得るものとし，X の消費量を x，価格を P_x，Y の消費量を y，価格を P_y とする。そして，所得は M_0，P_y は P_{y0} で不変で，P_x が P_{x0} から P_{x1} へと下落したときの x への影響について考える。

図1●

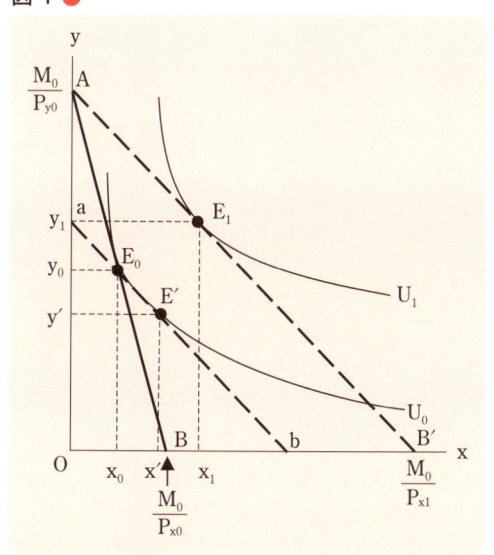

2. （1）P_x が P_{x0} から P_{x1} へと下落すると，予算制約線は AB から AB′ へとシフトし，入手可能領域は△OAB から△OAB′ へと拡大する（図1）。

（2）その結果，入手可能領域内で効用最大，すなわち，もっとも右上方の無差別曲線上にある点（最適消費点）

は E_0 から E_1 へと移動し，x は x_0 から x_1 へと増加する。

3．（1）この E_0 から E_1 への変化を代替効果と所得効果にわけて説明する。まず，U_0 に接し AB' と平行な補助線 ab を引く。そして，ab と U_0 の接点を E' とする。

（2）代替効果とは，効用一定のもとで，X が Y に比べて相対的に安くなることが消費に及ぼす影響をいい，E_0 から E' への変化である。

（3）所得効果とは，実質所得の変化が消費に及ぼす影響をいい，E' から E_1 への変化である。x' から x_1 へと x は増加しているので，X は上級財である。

4．（1）図1は上級財を前提としているので P_x の下落により，代替効果，所得効果ともに x が増加し，合計した価格効果でも x は増加する。

（2）しかし，X が下級財の場合には，代替効果で x が増加しても所得効果で x は減少し，所得効果のほうが大きいときには合計の価格効果でも x は減少する（ギッフェン財）。

以上

講義 LECTURE 05 完全競争企業の生産行動

　前回までは家計の行動について分析しましたが，今回からは企業の行動について分析します。本章ではとくに，「完全競争企業」とよばれる企業の生産行動について考えます。企業の理論の基本となるものですので，しっかりマスターしましょう。

　完全競争企業の話に入る前に，企業の理論の前提知識となる「短期と長期」と「利潤と利益」のちがいについて説明します。

●短期と長期

　経済学では，財を生産するために必要なものを**生産要素**とよびます。そして，自由に数量をかえることができる生産要素を**可変的生産要素**といい，数量をかえることができない生産要素を**固定的生産要素**といいます。

　長期とは，すべての生産要素の量をかえることができるような期間を
（すべての生産要素が可変的生産要素となります。）
いい，量をかえることのできない固定的生産要素が存在するような期間を**短期**といいます。通常，経済学では生産要素は資本と労働しかないと
（機械や工場をイメージしてください。）
仮定し，長期とは資本も労働も量を自由にかえることができる期間をいいます。そして，短期とは，期間が短いので機械や工場の数をかえることはできないが，労働の量はかえることができる期間をいいます。このとき，資本が固定的生産要素，労働が可変的生産要素となります。

　なお，短期と長期の境目は業界によって異なります。コンビニの場合，資本にあたるのはお店でしょうから，お店の数を変更できる期間が長期

となり，期間は1年もあればよいでしょう。しかし，電力会社の場合，資本にあたるのは発電所なので，発電所の量を自由にかえるには10年位の期間が必要になります。

短期と長期

短期：固定的生産要素がある期間
長期：すべてが可変的生産要素となる期間

●完全競争企業とは

　完全競争企業とは完全競争市場に存在する企業をいい，**完全競争市場**とは，①**需要者・供給者ともに多数存在**，②**財は同質**，③**取引に関する情報は完全**，④**市場への参入・退出は自由**，などの条件をみたす市場をいいます。正確には，これらの4つ以外にも条件はあるのですが，ポイントとなるのはこの4つなので，4つに限定して説明します。

　まず，「①需要者・供給者ともに多数存在」についてですが，これはとくに補足することはありません。もし，供給者が1社になってしまった場合には**独占市場**といい，少数の場合には**寡占市場**といいます。

　つぎに，「②財の同質性」についてですが，これは，多数の供給者がまったくおなじ財を供給しているということです。もし，多数の供給者の財の質がちがうと，その質のちがいをどう考えるかという面倒なこと

（質がちがうことを**差別化**といいます。）

が生じるので，それを防ぐ狙いがあります。

　第3の「③取引に関する情報は完全」とは，多数の需要者と供給者の全員が取引に関する情報のすべてをしっているということで，たとえば，市場価格について需要者も供給者もしっているということです。現実には情報は完全ではないので，もっと安く売っているお店がほかにあるのにしらず，高いお店で買ってしまうということがおこりますが，情報が完全な世界では，そのようなことはおこりません。市場価格が100円であれば，全員が100円で売り買いをすることになるのです。

④の「市場への参入・退出は自由」とは，ある市場が他の市場より利益が大きく魅力的であれば，他の市場の企業が自由に参入し，逆に，ある市場の利益が少なく魅力的でなければ，自由に撤退できるということです。供給者が少数である寡占や，単一である独占が継続する場合には，「参入・退出が自由」という条件をみたさず，何らかの市場への**参入障壁**があると考えることができるでしょう。

図表5-1 ●完全競争市場の条件と市場の分類

	完全競争市場	独占的競争市場	独占市場	寡占市場
①需要者・供給者ともに多数存在	○	○	× 供給者が単一	× 供給者が少数
②財の同質性	○	× 財の差別化	＊	＊
③取引に関する情報は完全	○	○	＊	＊
④市場への参入・退出は自由	○	○	×	×

＊はとくに議論にならない。

　図表5-1のうち，独占と寡占はのちほど説明しますが，独占的競争市場についてはここで簡単に説明しておきましょう。よくあるまちがいは，独占的競争とあるので，独占（供給者が単一）と完全競争（供給者が多数）の中間で供給者が少数である市場だ，というものです。供給者が少数の市場は寡占であって，独占的競争市場では供給者は多数なのです。

（寡は「少ない」という意味で，少数の供給者で占められるので寡占なのです。）

　ただし，完全競争市場と異なり「財の差別化」があり，供給者の提供する財の質が異なるのです。具体的には，多数あるが味が異なるラーメン店やお弁当屋さんというイメージです。

●利潤と利益

　わたしたちは企業のもうけを**利益**といいますが，ミクロ経済学では，

利益でなく，**利潤**という言葉をつかいます。この利潤と利益は似ているのですが意味がちがいますので，2つの共通点とちがいについて説明しましょう。

　利益も利潤も，収入の合計である総収入から費用の合計である総費用を差し引いたもの，という意味ではおなじですが，費用の意味がちがうのです。利益を計算する際に差し引く費用は，支払った金額という意味なのですが，利潤を計算する際に差し引く費用は支払った金額だけではなく，あることをおこなうことによって，得ることができなくなった利益も費用として計算します。他の利益を得る機会を犠牲にしたということで費用として計算するので，このような費用の考えを，**機会費用**といいます。それでは，利益と利潤について図表5-2に整理しておきましょう。

図表 5-2 ●利益と利潤

利益 ＝ 総収入 － 総費用
　　　　　　　　　　↑
　　　　　　　　支払った金額

利潤 ＝ 総収入 － 総費用
　　　　　　　　　　↑
　　　　　　　犠牲にしたものすべてで，他の利益を得る機会
　　　　　　　をうしなった場合，そのうしなった利益も費用
　　　　　　　とする＜機会費用＞。

　さらに具体例をもちいて，利益と利潤のちがいについて考えてみましょう。あるラーメンチェーン店の総収入が10億円で，支払ったという意味での総費用が8億円だったとしましょう。すると利益は，総収入－総費用＝10億円－8億円＝2億円となります。

　つぎに利潤を計算しましょう。ここで仮にこのラーメンチェーン店が牛丼チェーン店をやっていても，おなじように2億円を得ることができたとしましょう。すると，牛丼チェーン店をやっていれば得られた2億円を犠牲にしたわけですから，この2億円は機会費用として費用に加えて

総費用＝8億円　+　2億円＝10億円となります。ですから，

- 8億円：支払った金額
- 2億円：2億円の利益を得る機会をうしなった。

利潤＝総収入－総費用＝10億円－10億円＝0

となります。つまり，利益が2億円あったとしても，他の産業（牛丼チェーン店）をおこなっていたら得られたであろう利益もおなじく2億円のときには，他の産業で得られたはずの利益2億円を得る機会をうしなったという意味で，機会費用として利潤計算の際の総費用に加えられるので利潤はゼロとなるのです。したがって，利潤ゼロとは利益がゼロということではなく，他の産業とおなじ利益ということなのです。

（第8回の長期均衡の講義で重要なポイントとなります。）

●利潤最大化原理

そして，企業は利潤を最大にするように行動する，という大前提をおきます。これを**利潤最大化原理**とか，**利潤最大化原則**といいます。家計は効用（満足度）を最大化するように行動する，という大前提をおきましたが，企業は効用ではなく利潤最大を目的とすると考えるのです。

利潤最大化原理

家計 ⇒ 効用最大となるように行動する　＜効用最大化原理＞
企業 ⇒ 利潤最大となるように行動する　＜利潤最大化原理＞

●完全競争企業の特徴

完全競争企業とは，①需要者・供給者ともに多数存在，②財は同質，③取引に関する情報は完全，④市場への参入・退出は自由，などの条件をみたす完全競争市場に存在する企業をいいます。完全競争企業とは，①より，多数の供給者の1社にすぎず，市場価格を左右する力はもちません。もっとも，中小企業であっても，品質が抜群であれば市場価格より高く売ることができますが，②より，財は同質なので他社とおなじ価格，つまり市場価格でしか販売できません。

ですから，市場価格が100円であれば100円で販売し，市場価格が80円であれば80円で販売することになるのです。このように，市場価格に影響を与えず市場価格を受け入れる存在を，**プライステーカー**（価格受容者）といいます。

そして，市場価格が100円のとき，プライステーカーである完全競争企業は，1個目も2個目も3個目もすべて100円で供給することができます。言い方をかえれば，生産量にかかわらず常に市場価格100円で需要してもらうことができます。この生産量（供給量）と価格の関係を，**企業の直面する需要曲線**とよび，完全競争企業の直面する需要曲線（d）は，市場価格（図表5-3では100円）で水平となります。

● 完全競争企業の限界収入

つぎに，完全競争企業の生産行動を分析する際に重要となる，限界収入について説明します。**限界収入**とは，「生産量を1単位増やしたときの総収入の増加分」という意味で，英語でMarginal RevenueなのでMRと略されます。市場価格が100円のときには常に100円で生産できるので，生産量を1単位増やしたときの総収入の増加分，つまり，限界

図表 5-3 ● 完全競争企業の直面する需要曲線と限界収入曲線

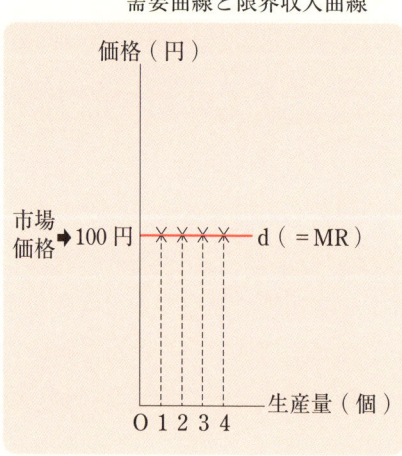

図表 5-4 ● 限界費用

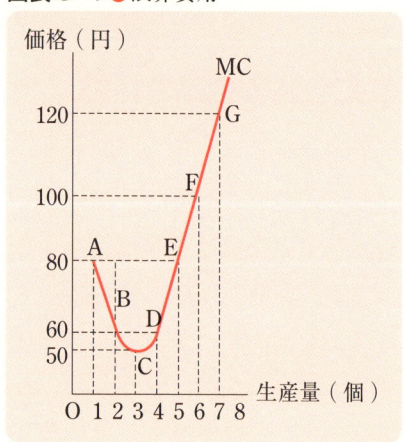

収入（MR）は常に100円です。生産量1個目の限界収入も2個目の限

> 0個から1個に1個増やしたときの総収入の増加分です。

> 1個から2個へと1個増やしたときの総収入の増加分です。

界収入も3個目の限界収入も100円です。ですから，生産量と限界収入の関係をあらわす限界収入曲線（MR）は，100円で水平となり，直面する需要曲線（d）とおなじとなります。

●限界費用

　こんどは，限界収入（MR）と並んで重要となる**限界費用**について説明します。限界費用とは，「生産量を1単位増やしたときの総費用の増加分」をいいます。限界費用は英語でMarginal Costというので，MCと略します。そして通常，この限界費用（MC）はある生産量までは低下し，ある生産量を超えると増加すると仮定します。具体的には図表5-4のように，生産量が3個までは限界費用（MC）は80円→60円→50円と低下するが，3個を超えると，50円→60円→80円→100円→120円と増加すると仮定するのです。その結果，限界費用と生産量の関係をあらわす限界費用曲線（MC）は，図表5-4のようにU字型となります。

●利潤最大となる生産量の決定

　図表5-3と図表5-4のグラフを図表5-5に重ね合わせて，完全競争企業の生産量の決定について説明します。完全競争企業は利潤最大化原理にもとづき，利潤が最大になるように生産量を決定しますが，経済学では生産量1個目から1個ずつ，限界収入（MR）と限界費用（MC）を比べて，生産量を増やすべきかどうか判断していくと考えます。

　たとえば図表5-5でいえば，生産量1個目を生産したときの総収入の増加（MR）は100円で，総費用の増加（MC）の80円よりも20円大きいので，その分利潤が増加します。ですから，生産すべきということになります。同様に，2個目，3個目，4個目，5個目と限界収入（MR）が限界費用（MC）より大きくなり，利潤が増えるので，生産します。

図表 5-5 ●完全競争企業の生産量の決定

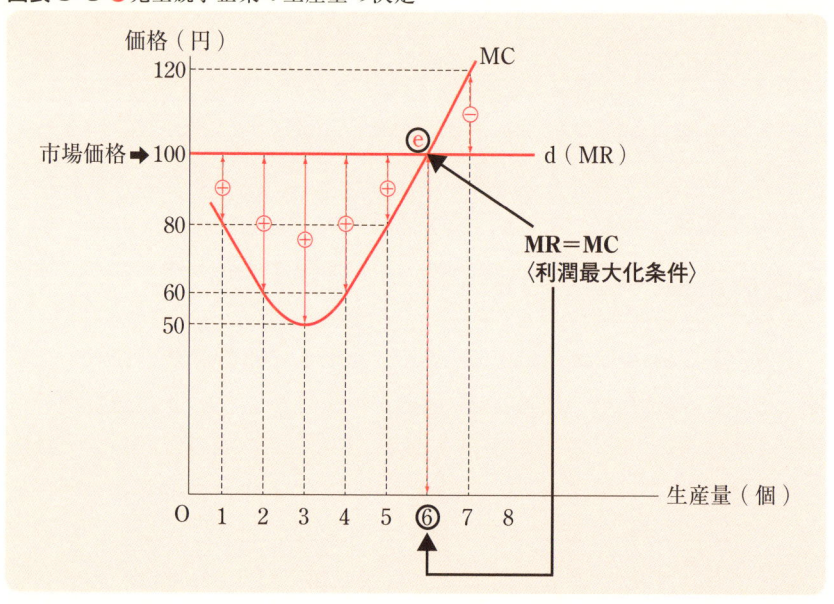

しかし,生産量が6個になると,収入の増加(MR)と費用の増加(MC)がともに100円なので,もう利潤は増加しません。そして,7個目を追加で1個生産したときの収入の増加(MR)は100円ですが,費用の増加(MC)は120円となり,20円だけ損をし利潤が減ってしまいます。ですから,企業が7個目を生産することはなく,限界収入(MR)と限界費用(MC)が等しくなる生産量6個のときに利潤最大となり,この MR=MC を**利潤最大化条件**といいます。
生産量に決定します。

利潤最大となる生産量の決定

利潤最大化条件

　　MR＝MC　　をみたす生産量に決定する
　　↑　　　↑
　　限界収入　限界費用

演習問題 5-1

空欄に適切な語句を入れなさい。

　①　市場とは，②　・　③　ともに多数存在，商品は同質，情報は完全，参入・退出は自由，などの条件をみたす市場をいう。①　企業は　④　であるので，市場価格で水平な　⑤　に直面し，⑥　曲線も市場価格で水平となる。生産量は　⑥　と　⑦　とが等しくなり，⑧　が最大となる水準に決定する。

解答

①完全競争　②③需要者(買い手)，供給者(売り手)　④プライステーカー　⑤需要曲線　⑥限界収入　⑦限界費用　⑧利潤

演習問題 5-2

つぎの用語を説明しなさい。
（1）完全競争市場
（2）限界収入
（3）限界費用

解答

（1）完全競争市場とは，①需要者・供給者ともに多数存在，②財は同質，③取引に関する情報は完全，④市場への参入・退出は自由，などの条件をみたす市場をいう。
（2）限界収入とは，生産量（供給量）を1単位増やしたときの総収入の増加分をいう。
（3）限界費用とは，生産量を1単位増やしたときの総費用の増加分をいう。

講義 LECTURE 06 損益分岐点と操業停止点，供給曲線

前回の講義では，市場価格が100円のときに完全競争企業がどのように生産量を決定するか，を考えましたが，今回は，市場価格が変化したときに生産量はどのようにかわっていくのか，について考えます。

この価格と生産量（供給量の関係）をあらわしたものが**供給曲線**です。

● 費用曲線

これから費用について細かな話をしますが，最終的な目標は，図表6-8のグラフを正確に描くことができるようになることです。費用どうしの関係の説明は図表6-8をおぼえやすくするためのものなので，さくさくと読みすすめてください。

いま，固定的生産要素が存在する期間である短期を前提としましょう。固定的生産要素は数量をかえることはないので，固定的生産要素にかかる費用は一定でかわりません。これを**固定費用**とよび，英語でFixed CostなのでFCと略します。一方，数量をかえることができる可変的生産要素にかかる費用は，量の変化とともにかわり，**可変費用**とよばれ，英語でVariable CostというのでVCと略します。そして，固定費用（FC）と可変費用（VC）を足したものが，**総費用**（Total Cost：TC）となります。

たとえば，1年間の費用が1億円の機械（資本）が5台あり，数量をかえることができないとします。すると，1億円×5台＝5億円が機械にたいする費用であり，これは変化せず一定なので固定費用です。これにたいし，労働の雇用量は生産量に応じてかえることができるとすると，

正社員ではなくアルバイトや派遣労働者をイメージしてください。

労働にかかる費用はかえることができるので，可変費用ということになります。

総費用とは

総費用（TC）＝固定費用（FC）＋可変費用（VC）

　総費用（TC），固定費用（FC），可変費用（VC）を生産量（x）で割ることによって，生産量1個あたりの平均の費用を求めることができます。総費用（TC）を生産量（x）で割った，生産量1単位あたりの総費用の平均を**平均費用**（AC：Average Cost）といいます。同様に，固定費用（FC）を生産量（x）で割ることによって求めた，「生産量1単位あたりの固定費用の平均」を**平均固定費用**（AFC：Average Fixed Cost）といい，可変費用（VC）を生産量（x）で割ることによって求めた，「生産量1単位あたりの可変費用の平均」を**平均可変費用**（AVC：Average Variable Cost）といいます。そして，生産量1個あたりで考えても，生産量1個あたりの総費用の平均は，固定費用の平均（平均固定費用）と可変費用の平均（平均可変費用）の合計となります。

生産量1個あたりの平均の費用

平均費用（AC）＝平均固定費用（AFC）＋平均可変費用（AVC）

↑ ↑ ↑

$\dfrac{総費用（TC）}{生産量（x）}$　　$\dfrac{固定費用（FC）}{生産量（x）}$　　$\dfrac{可変費用（VC）}{生産量（x）}$

　つぎに，限界費用（MC）と平均可変費用（AVC）の関係について説明しましょう。限界費用（MC）については図表5-4とおなじとし，図表6-1と6-2に描きます。生産量を1個増やしたときの総費用の増加分である限界費用（MC）は，3個目までは80→60→50と低下し，4個目からは50→60→80→100→120と増加すると仮定します（図表6-1）。その結果，限界費用曲線（MC）は生産量3個を底とするU字型のグラフとなります。

図表6-1 ● MCとAVCの関係①＜表＞

生産量（x）	限界費用（MC）	可変費用（VC）	平均可変費用（AVC）
0	—	0	—
1	80	80	80
2	60	140	70
3	50	190	63
4	60	250	63
5	80	330	66
6	100	430	72
7	120	550	79

図表6-2 ● MCとAVCの関係②＜グラフ＞

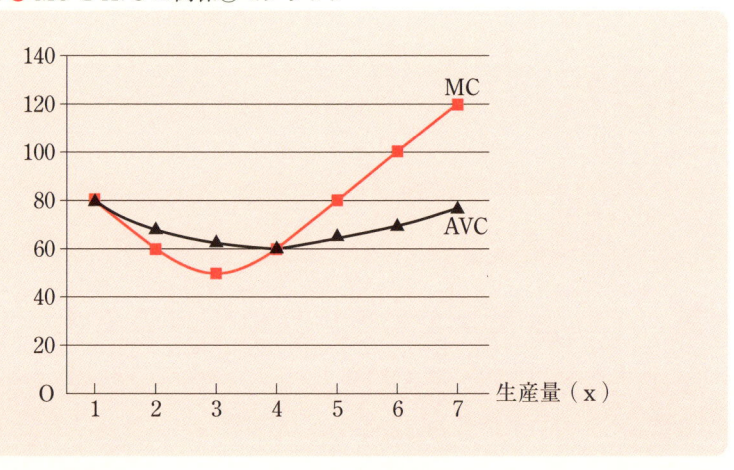

　この限界費用（MC）は、「生産量を1単位増やしたときの総費用の増加分」ですが、生産量の増加とともに増える費用は可変費用なので、「生産量を1単位増やしたときの可変費用（VC）の増加分」ということができます。このことを利用して、つぎのように図表6-1の可変費用（VC）を計算します。

　生産量が0個のときには、可変的生産要素が0なので可変費用は0です。1個目を生産すると限界費用が80、つまり総費用が80増えますが、この80は生産量とともに増加しているので、すべて可変費用であり、

可変費用が80増加します。生産量1個目の可変費用は，生産量0個のときの0に，1個目を生産したときの増加分の80を足し，0＋80＝80となります。

同様に，2個目を生産すると限界費用が60なので，可変費用が60増加します。ですから，生産量2個のときの可変費用は，生産量1個のときの可変費用80に，可変費用の増加60を加え80＋60＝140となります。このように計算していった図表6-1のMCとVCをみると，可変費用（VC）は，1個からの限界費用（MC）の合計となります。たとえば，3個目の可変費用（VC）は，3個までの限界費用（MC）を合計し，80＋60＋50＝190と計算することができます。

そして，平均可変費用（AVC）は，可変費用（VC）を生産量で割ることによって求めることができます。ですから，平均可変費用（AVC）は，

$$\text{AVC} = \frac{\overbrace{80+60+50}^{\text{MCの合計が可変費用}}}{3} = \frac{190}{3} = 63$$

と計算でき，3個までのMC（80，60，50）の平均であることがわかります。このように，AVCはMCの平均値であるので，MCが低下すると，平均であるAVCは遅れて低下し（図表6-3のⅠ），MCが平均であるAVCより低いかぎり，平均であるAVCは低下し右下がりとなります（図表6-3のⅡ）。しかし，点AでMCがAVCと交わり，MCのほうが平均であるAVCよりも大きくなると，平均であるAVCも増えはじめるので，AVCは右下がりとなります（図表6-3のⅢ）。以上より，点AまではAVCは右下がり，点AからはAVCは右上がりとなるので，点AがAVCの最小点となります。そして，MCとAVCは，AVCの最小点で交わることになります。

MCとAVCの関係
MCとAVCは，AVCの最小点で交わる

図表6-3 ● MCとAVCの関係

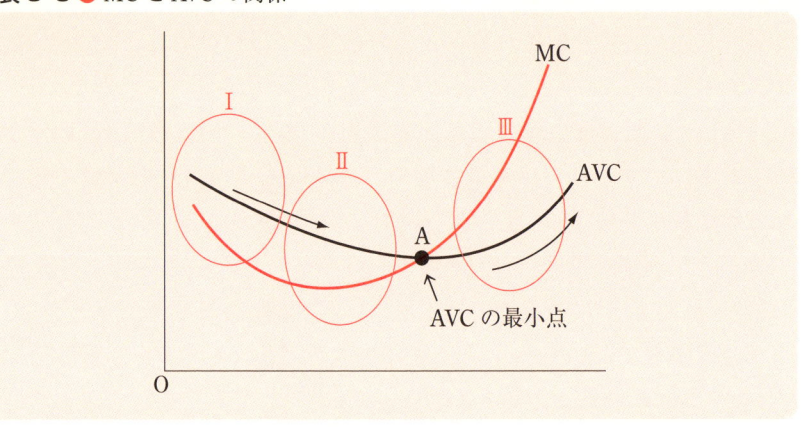

```
          MC
    Ⅰ       Ⅲ
       Ⅱ      AVC
              A
            ↑
          AVCの最小点
O
```

　こんどは，図表6-4と6-5をもちいて，平均固定費用（AFC）について考えましょう。いま，固定費用（FC）は120だとしましょう。すると，平均固定費用（AFC）＝ $\dfrac{固定費用（FC）}{生産量（x）}$ ＝ $\dfrac{120}{x}$ となり，生産量（x）の増加とともにAFCは低下していきます。これをグラフであらわすと，図表6-5のように右下がりの平均固定費用曲線（AFC）となります。

図表6-4 ● 平均固定費用〈表〉

生産量（x）	固定費用（FC）	平均固定費用（AFC）
0	120	―
1	120	120
2	120	60
3	120	40
4	120	30
5	120	24
6	120	20
7	120	17

図表6-5 ●固定費用曲線

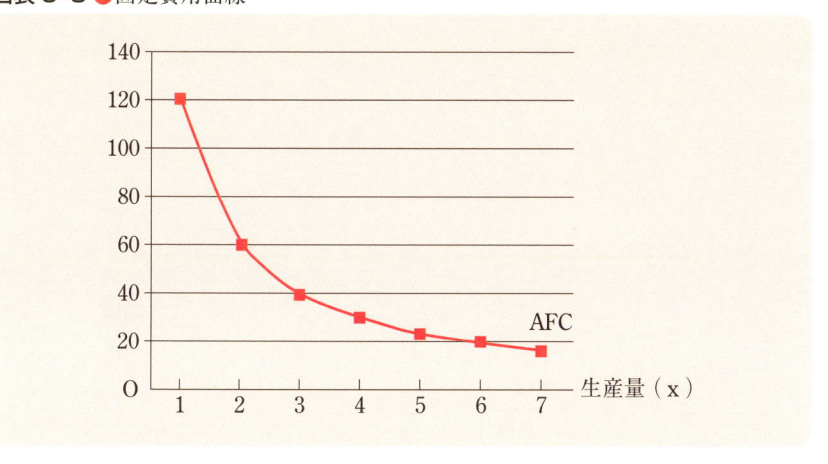

この平均固定費用（AFC）を平均可変費用（AVC）に足すことによって，平均費用（AC）を求めます（図表6-6）。そして，これをグラフにすると，U字型の平均費用曲線（AC）を描くことができます（図表6-7）。ここで注意しなくてはならない点は，MCとAVCの関係とおなじように，MCはACの最小点でACと交わるということです。説明はややこしくなるので省略しますが，必ず覚えておきましょう。

図表6-6 ●平均費用〈表〉

生産量（x）	限界費用（MC）	平均固定費用（AFC）	平均可変費用（AVC）	平均費用（AC）
0	—	—	—	—
1	80	120	80	200
2	60	60	70	130
3	50	40	63	103
4	60	30	63	93
5	80	24	66	90
6	100	20	72	92
7	120	17	79	96

講義6 ●損益分岐点と操業停止点，供給曲線

図表6-7 ●平均費用曲線と限界費用曲線の関係

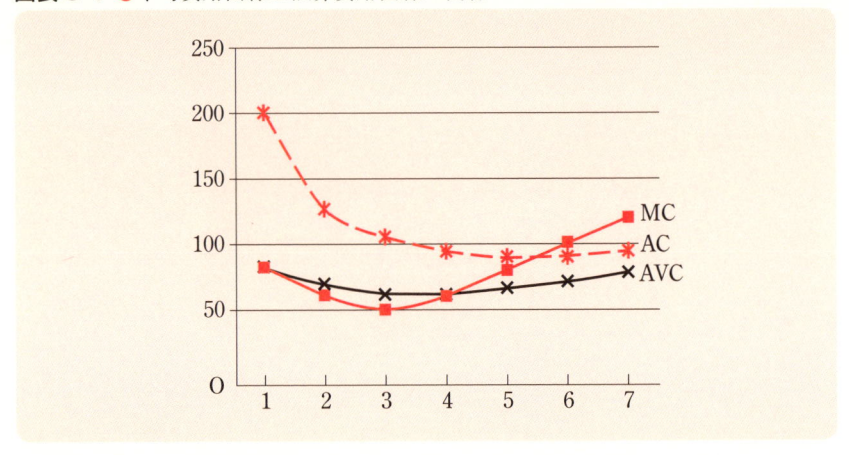

以上の費用曲線の関係を整理すると，図表6-8となります。なぜそうなるのかという理由はともかく，5つのポイントを押さえた正確な作図はできるようにしておく必要があります。

図表6-8 ●費用曲線の5つのポイント

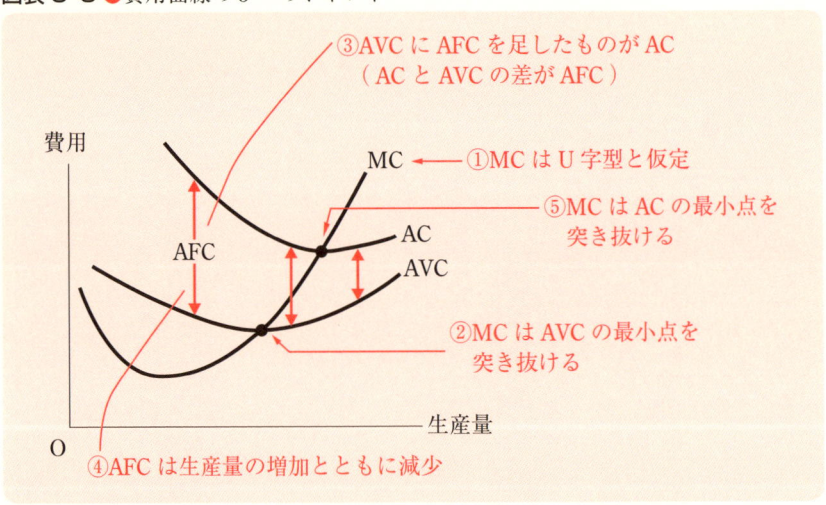

③AVCにAFCを足したものがAC
（ACとAVCの差がAFC）

①MCはU字型と仮定

⑤MCはACの最小点を突き抜ける

②MCはAVCの最小点を突き抜ける

④AFCは生産量の増加とともに減少

●利潤の計算

それでは，図表6-8の費用曲線を図表6-9にも描き，市場価格がP_0

と高いときの完全競争企業の利潤を求めます。市場価格が P_0 のとき，企業は常に P_0 で需要してもらえるので，企業の直面する需要曲線（d_0）は P_0 で水平な直線となります。常に価格が P_0 であれば，限界収入も P_0 となり，限界収入曲線（MR_0）も P_0 で水平な直線 d_0 とおなじです。

限界収入とは生産量を1単位増やしたときの収入の増加分でした。

　企業は利潤最大となるように行動し，限界収入（MR）が限界費用（MC）よりも大きいかぎり利潤が増加するので，生産量を増加させます。そして，MR＝MC となる生産量で利潤最大となるので，図表6-9の点 e_0 の生産量 x_0 に決定します。生産量 x_0 のとき，平均費用は AC より点 f の高さです。価格は P_0 なので点 e_0 の高さとなり，1個あたり e_0f だけ利潤があります。

1個あたりの利潤のことを**平均利潤**といいます。

　全体の利潤は，1個あたりの利潤 e_0f に生産量 x_0（he_0）を掛けた値なので，長方形 $hgfe_0$ の面積となります。

図表6-9●完全競争企業の利潤

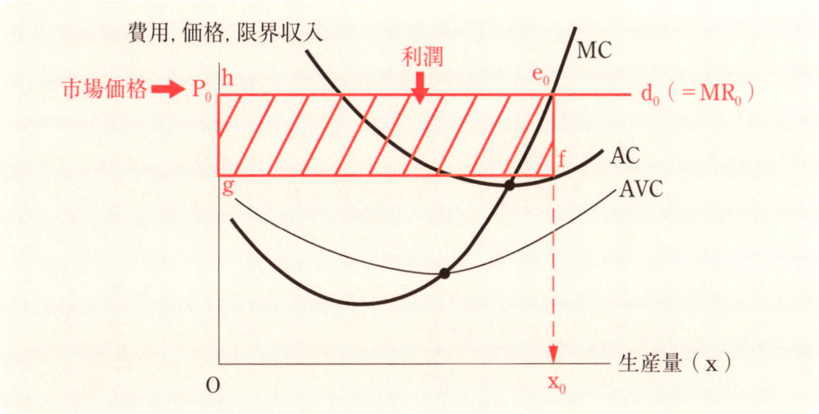

費用, 価格, 限界収入

市場価格 → P_0　h　利潤　e_0　MC
　　　　　　　　　　　　　　　　　d_0 （＝MR_0）
　　　　　　　　　　　　　　　f　AC
　　　　　g　　　　　　　　　　　　AVC

O　　　　　　　　　　　　x_0　生産量（x）

●損益分岐点

　図表6-9では，市場価格が P_0 と高かったので利潤はプラスでしたが，市場価格が AC と AVC の交点 A の高さの価格 P_A まで下落したとしましょう（図表6-10）。このとき，企業の直面する需要曲線は d_A，限界収

入曲線は MR_A となり，企業は $MR_A = MC$ となる点 A の生産量 x_A に決定します。生産量 x_A のとき，AC より平均費用は点 A の高さであり，価格 P_A とおなじ高さです。したがって，1 個あたりの利潤 $= P_A - AC = 0$ となり，全体の利潤も 0 となります。このように，利潤最大となるように生産量を決定したときに，利潤が 0 となる価格と生産量の組み合わせ（点）を**損益分岐点**といいます。

> 利潤がプラスとマイナスの分かれ目，つまり，0 ということです。

図表 6-10 ●損益分岐点

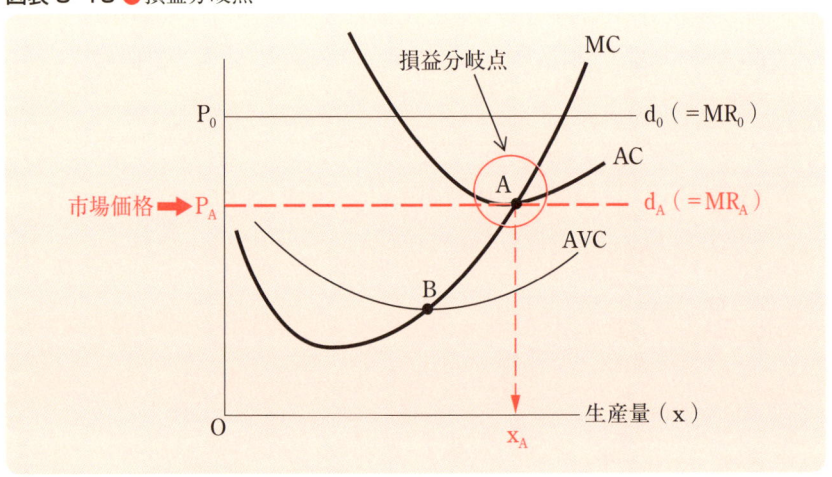

しかし，利潤が 0 だからといって，操業を停止するわけではありません。なぜなら操業停止，つまり，生産量が 0 のときには，可変費用は 0 ですが，固定費用はのこります。ですから，操業停止時の利潤は，

> 固定費用は生産量にかかわらず一定です。

　　　利潤 = 総収入　　　 − 総費用
　　　　　 = 生産量 × 価格 − (可変費用 + 固定費用)
　　　　　 = 　0 　× 価格 − (　0 　 + 固定費用) = − 固定費用

と 0 よりも小さくなってしまいます。逆にいえば，利潤 0 とは，操業することによって，少なくとも固定費用の分は回収することができている状態なので，操業はつづけるべきだということになります。

●操業停止点

　こんどはさらに市場価格が低下し，AVC と MC の交点 B の高さの P_B まで低下したとしましょう（図表6-11）。このとき，企業の直面する需要曲線は d_B となり，限界収入曲線（MR_B）も d_B とおなじになります。企業の生産量は，$MR_B=MC$ となる点 B の生産量 x_B に決定します。生産量が x_B のとき，AC より平均費用は g の高さとなり，価格 P_B よりも gB 分だけ多く，平均利潤はマイナスとなります。しかも，gB は AC と AVC の差なので AFC の大きさであり，平均利潤＝－AFC とわかります。全体の利潤は平均利潤（－gB）に生産量 x_B（hg）を掛ければよいので，長方形 hiBg だけマイナスとなり，利潤＝（－AFC）×生産量（x）＝ －FC となります。つまり，点 B の価格水準 P_B まで下がると，利潤最大（$MR_B=MC$）となるように生産量を決めても利潤＝－固定費用となり，操業停止とおなじ利潤しか得られません。

図表6-11 ●操業停止点

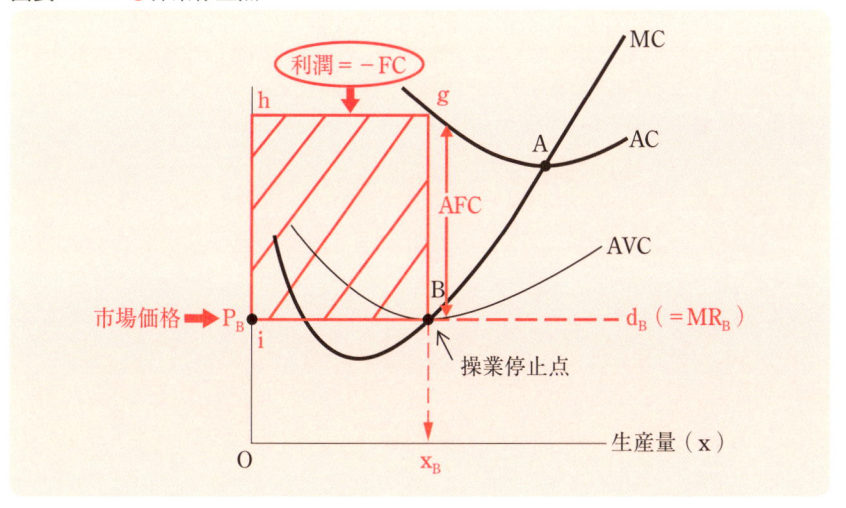

　したがって，価格が P_B のときには，x_B だけ生産して点 B であっても，操業を停止して点 i であっても，利潤＝－固定費用なのでどちらでもよいことになります。

そして、点Bのように、利潤最大となるように生産量を決定しても、利潤＝－固定費用となる価格と生産量の組み合わせ（点）を**操業停止点**といいます。

● 供給曲線

それでは最後に、企業の供給曲線と市場の供給曲線を求めましょう。図表6-12には、いままでの説明を整理して、P_0, P_A, P_B を記入しています。P_0 の価格のときには、$MR_0 = MC$ となる点 e_0 の生産量 x_0 に決定します。したがって、価格と生産量の組み合わせは $e_0 (x_0, P_0)$ です。価格が P_A のときには、$MR_A = MC$ となる点Aの生産量 x_A に決定するので、価格と生産量の組み合わせは点A (x_A, P_A) です。価格が P_B のとき、$MR_B = MC$ となる点Bの生産量 x_B でも、生産量が0となる点iでも、利潤＝－固定費用でおなじです（操業停止点）。したがって、価格と供給量の関係は e_0AB をむすんだ右上がりの曲線、つまり、操業停止点（B）より右上方の限界費用曲線（MC）となります。

また、市場価格が操業停止点Bの価格水準（P_B）よりも低い P_1 や P_2 のときには供給量は0となるので、P_B 以下の縦軸となります。

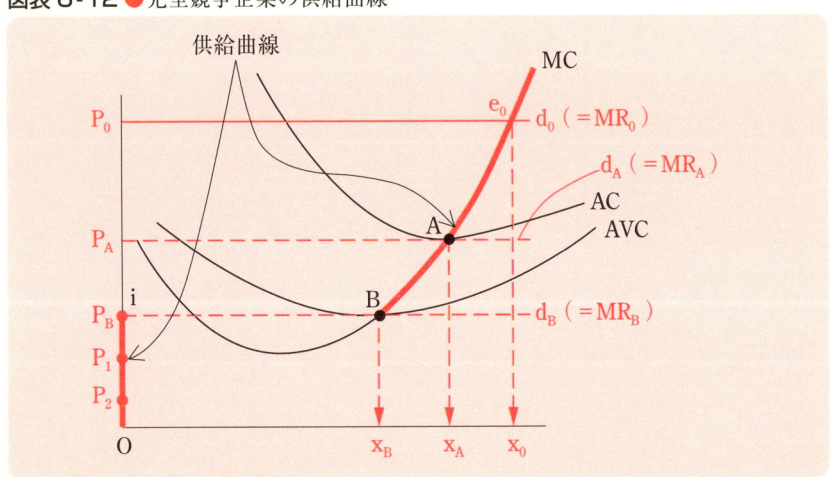

図表6-12 ●完全競争企業の供給曲線

完全競争企業の供給曲線を求めることができたので、最後に市場供給

曲線を求めます。完全競争市場では企業数は多数です。いま，企業A，B，C，…と多数の企業の供給曲線がS_A，S_B，S_C，…とわかっているとします。そのとき，市場全体の供給量は，価格が100円のときには各企業の供給量を横に合計して10＋10＋9＋…と求めます。同様に80円のときの市場の供給量も，各企業の供給量を横に合計して6＋6＋5＋…と求めます。このようにして，市場供給曲線（S）は企業の供給曲線（S_A，S_B，S_C…）を横に足し合わせることによって求めることができます（図表6-13）。

図表6-13 ●市場供給曲線の導出

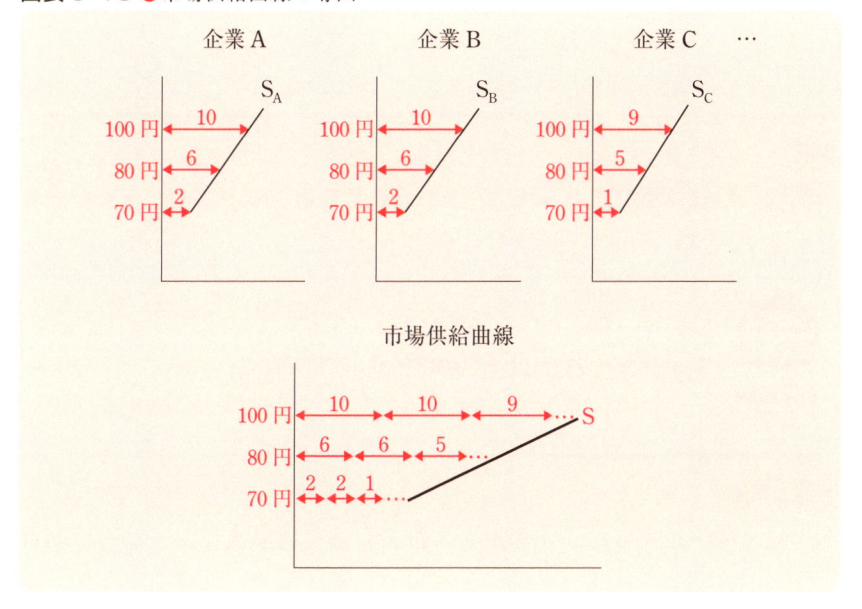

演習問題 6-1

空欄を埋めて文章を完成させなさい。

利潤とは ① から ② を差し引いたものである。短期において，② は ③ と ④ からなり，③ は生産量が 0 でもかかる費用である。利潤最大となるように生産量を決定しても，利潤が ⑤ となる価格と生産量の組み合わせを損益分岐点といい，限界費用曲線と ⑥ 曲線の交点である。これにたいし，利潤最大となるように生産量を決定しても，利潤が ⑦ となる価格と生産量の組み合わせを操業停止点といい，限界費用曲線と ⑧ 曲線の交点である。

解答

①総収入　②総費用　③固定費用　④可変費用　⑤0（ゼロ）　⑥平均費用　⑦−固定費用　⑧平均可変費用

演習問題 6-2

完全競争企業の供給曲線について説明しなさい。

解答＆解説

1．完全競争企業とは，①需要者・供給者ともに多数存在，②財は同質，③取引に関する情報は完全，④市場への参入・退出は自由，などの条件をみたす完全競争市場に存在する企業である。供給曲線とは価格と供給量の関係を図示したものである。

2．完全競争企業の限界費用曲線（MC），平均可変費用曲線（AVC），平均費用曲線（AC），が図1のようであったとする。

3．完全競争企業はプライステーカーであるので，常に市場価格（P）で供給が可能であり，直面する需要曲線（d）も限界収入曲線（MR）も市場価格で水平な直線となる。

4．（1）市場価格が P_0 のとき限界収入曲線は MR_0 となり，企業の生産

図1

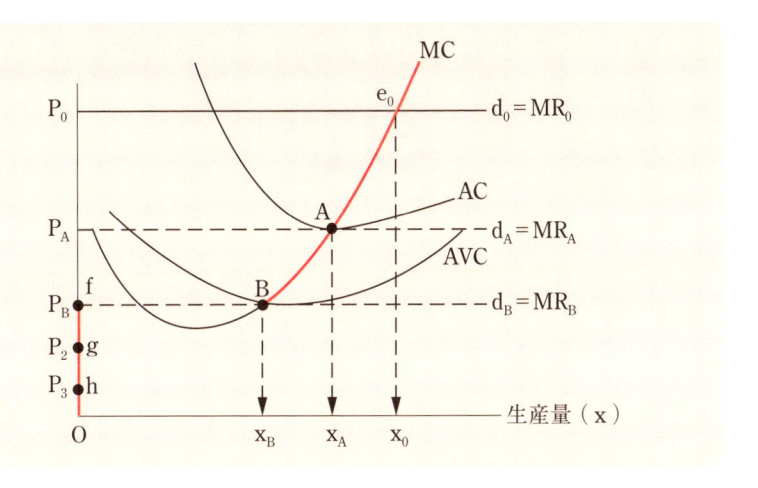

量は，$MR_0 = MC$ で利潤最大となる点 e_0 の生産量 x_0 に決定する。

(2) 市場価格が P_A のときには限界収入曲線は MR_A となり，企業の生産量は，$MR_A = MC$ で利潤最大となる点 A の生産量 x_A に決定する。

(3) 市場価格が P_B のときには限界収入曲線は MR_B となり，企業の生産量は，$MR_B = MC$ で利潤最大となる点 B の生産量 x_B に決定する。ただし，生産量 x_B のとき，利潤 = − 固定費用なので，操業停止時の点 f とおなじ利潤である（操業停止点）。

(4) 市場価格が P_2 や P_3 のように操業停止価格 P_B より低いときには，操業停止時の利潤のほうが大きいので生産量は 0 となる。

5．以上より，価格と供給量の関係である供給曲線は，操業停止価格（P_B）以上では B, A, e_0 と限界費用曲線の一部であり，操業停止価格（P_B）以下では生産量 0 なので縦軸となる。

以上

講義 07 | LECTURE | 市場均衡と安定性

　講義 04 で市場需要曲線を求め，前回の講義で市場供給曲線を求めました。今回は，市場需要曲線と市場供給曲線をおなじグラフに描き，市場均衡について考えます。

> 均衡とは複数の力がバランスするという意味で，市場均衡とは需要量と供給量が等しいことをいいます。

●ワルラス調整過程

　図表 7-1 に右下がりの市場需要曲線（D）と，右上がりの市場供給曲線（S）を描きます。このグラフは「需要と供給のグラフ」として有名ですから，しっている人も多いかもしれません。通常は，「市場価格は需要曲線と供給曲線の交点 E の P_e の価格に決まる」という結論だけをまなぶのですが，ミクロ経済学では，なぜそうなるのかという理由も理解する必要があります。

　どうして価格が P_e となるのかということを直接説明することはむずかしいので，P_e の価格でなければ P_e に向かっていくという説明をすることにします。

　いま，価格が P_e より高い P_1 であったとします。P_1 のとき，需要量は需要曲線より AF ですが，供給量は供給曲線より AG なので，FG だけ供給が多くなります。この需要量より供給量が多いことを**超過供給**といい，売れ残りが発生している状態です。市場で超過供給（売れ残り）があれば，それらがなくなる P_e まで価格が下がります。P_e になれば需要量は BE，供給量も BE で等しいので超過供給はありません。

> 需要量と供給量が等しいことを**均衡**といいます。

図表7-1 ●ワルラス安定のケース

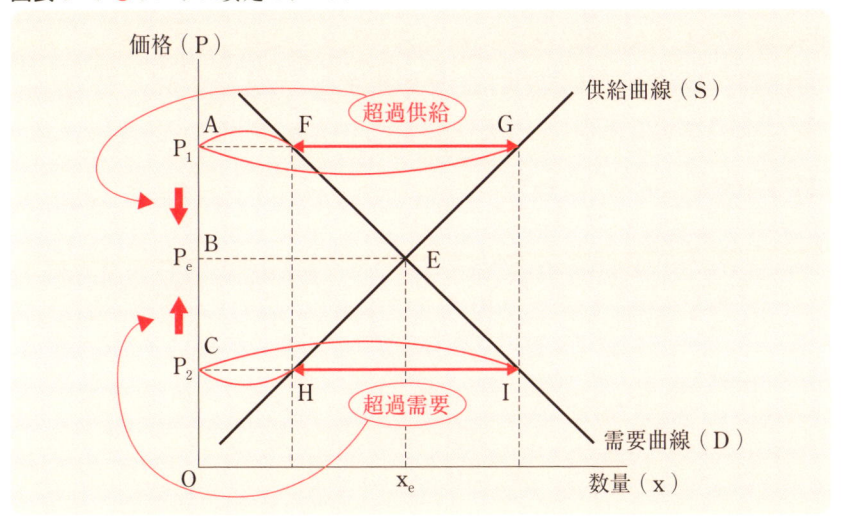

[図：縦軸 価格（P）、横軸 数量（x）。供給曲線（S）と需要曲線（D）が交点E（価格 P_e、数量 x_e）で交わる。価格 P_1（均衡より上）では AF 区間から FG 区間にかけて「超過供給」、価格 P_2（均衡より下）では CH から HI 区間にかけて「超過需要」が示される。点B は P_e 上。]

　逆に，価格が P_e より低い P_2 であったとしましょう。P_2 のとき需要量は CI，供給量は CH なので，HI だけ需要が多くなります。このように需要量が供給量より多いことを**超過需要**といい，物不足が発生している状態です。市場で超過需要（物不足）があれば，超過需要が（物不足）がなくなる P_e まで価格が上昇します。

　以上のようにして，需要量と供給量が等しいときの価格（P_e）に価格は決まると考えるのです。なお，このように，「超過供給があれば価格は下落し，超過需要があれば価格は上昇する」という前提はワルラスが考えたので，**ワルラス調整過程**といいます。このワルラス調整過程は，需要量も供給量も価格の変化にたいして迅速に調整されるという特徴をもち，外国為替市場や工業製品の市場があてはまります。そして，図表7-1に示したとおり，P_1 や P_2 のように均衡価格 P_e から価格が離れても均衡価格 P_e に戻ることを，**安定**といいます。

（均衡から離れても均衡に戻っていくことをいいます。）

　図表7-1はワルラス調整過程で安定なので，**ワルラス安定**といいます。こんどは，図表7-2のように，右下がりの供給曲線と右上がりの需要

曲線という通常と逆の特殊なケースを考えましょう。このような特殊な状況がどのような状況かを考えるとややこしくなってしまうので，ここでは図表7-2のグラフを前提に，頭の体操という感覚で均衡が安定しているかどうかを考えることにしましょう。

図表7-2 ● ワルラス不安定のケース

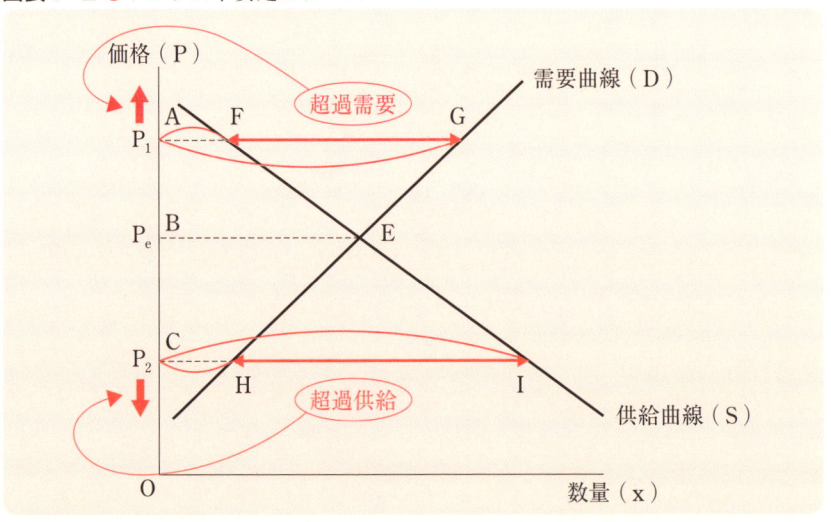

価格がP_1と均衡価格P_eよりも高いとき，需要量はAG，供給量はAFなので，FGだけ超過需要となります。ワルラス調整過程では超過需要があれば価格が上昇し，価格が上がるともっと超過需要が増えてしまうので，P_eへは戻らず安定ではありません。このように，均衡に戻ってこないことを不安定といいます。同様に，P_2のようにP_eより価格が低いときにはHIだけ超過供給が生じ，価格はさらに下落してしまい，やはりP_eには戻らず不安定だとわかります。

ワルラス調整過程

供給量　＞　需要量（超過供給）　⇒　価格↓

供給量　＜　需要量（超過需要）　⇒　価格↑

⇓

ワルラス安定かどうかは，均衡価格から価格が外れたときに，均衡価格に戻るかどうかで判断

●マーシャル調整過程

　ワルラス調整過程は，わざわざワルラス調整過程といわなくてももちいられるほど標準的なものですが，農作物や家畜のように，今期の生産量が変更できない場合にはあてはまりません。そのようなケースを考えた調整過程はマーシャルが考案したので，**マーシャル調整過程**といいます。このマーシャル調整をもちいて，右下がりの需要曲線と右上がりの供給曲線という通常のケースを図表 7-3 で考えてみましょう。

　図表 7-3 で生産量が x_1 であったとします。x_1 のとき供給曲線の高さはAですから，供給者は最低でもAの高さで売りたいと思っていると

供給者が売りたい最低価格を**供給価格**といいます。

考えます。x_1 のときの需要曲線の高さはBなので，需要者はBの高さの価格まで支払ってもよいと思っていると考えます。

需要者が買ってもよいと考えるもっとも高い価格を**需要価格**といいます。

　x_1 のとき，供給者は最低でもAの高さの価格（P_A）で売りたいと考えているのですが，需要者は需要曲線からBの高さの価格（P_B）でしか買ってくれませんので，市場価格は P_B となります。そうなると，供

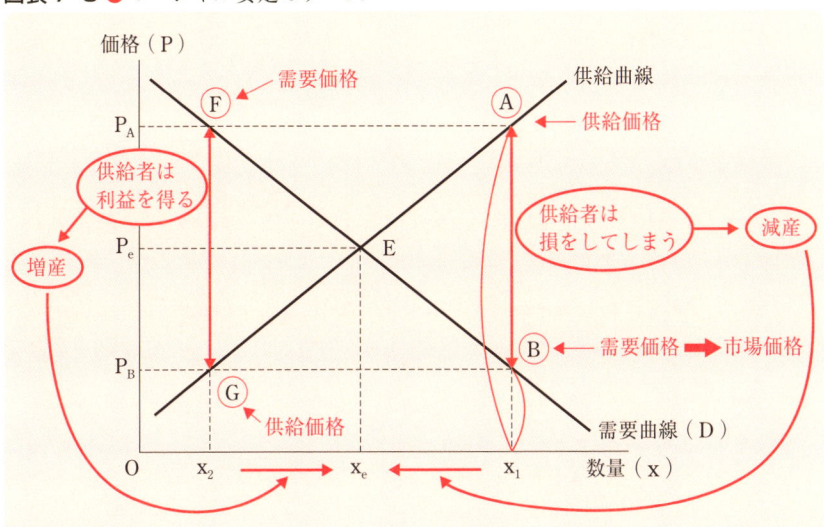

図表 7-3 ●マーシャル安定のケース

講義7●市場均衡と安定性

給者は P_A で売りたいのに P_B でしか売れず，AB だけ損をしてしまいます。そのため，供給者はもうからないので来期の生産量を減らします。その結果，来期の生産量は x_1 から減少し，x_e に向かっていきます。生産量が x_e になると，供給価格も需要価格も E の高さ（P_e）となるので等しくなり，これ以上減産しません。

逆に，x_2 のように生産量が x_e より小さいケースを考えましょう。x_2 のとき，供給者は点 G の高さ（P_B）で売れればよいと考えていますが，需要者は F の高さ（P_A）で買ってくれるので，市場価格は P_A となります。すると，供給者は FG だけ利益を得るので，来期以降は増産します。

（P_A で高く買ってくれるのですから，P_B のように低く供給はしません。）

その結果，生産量は x_2 から増加し x_e に向かっていきます。

このように，マーシャル調整では，需要価格が供給価格を上回れば生産量は増加し，下回るときには減産すると想定します。そして，図表 7-3 はマーシャル調整過程によって，均衡点 E から生産量が x_1 や x_2 のように離れても x_e に戻ってくるので均衡は安定的であり，これを**マーシャル安定**といいます。

それでは，こんどは図表 7-4 のように，右下がりの供給曲線と右上が

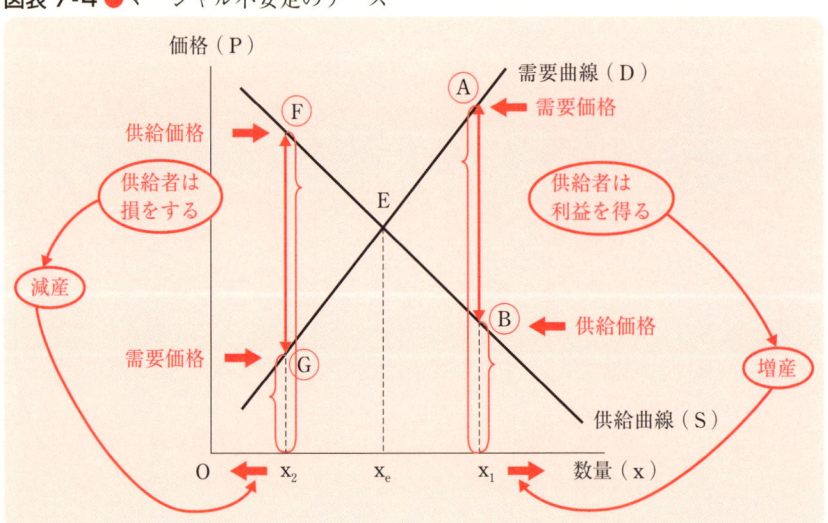

図表 7-4 ● マーシャル不安定のケース

りの需要曲線という特殊なケースを，マーシャル調整過程で考えてみましょう。生産量が x_1 で x_e より大きいと，需要価格が A の高さとなり，B の高さである供給価格よりも AB だけ大きくなります。その AB だけ供給者は利益を得ることになり，来期以降増産するので x_e からはどんどん離れて戻らず，不安定となります。

反対に，生産量が x_2 で x_e より少ないと，FG だけ需要価格が供給価格より低いので供給者は損をすることになり，来年以降減産するのでやはり x_e には戻らず，不安定となります。

マーシャル調整過程

供給価格　＜　需要価格　⇒　増産

供給価格　＞　需要価格　⇒　減産

　　　　　↑　　　　　↑
最低でもこの　　買ってくれる
価格で売りたい　　価格

⇓

マーシャル安定かどうかは，均衡取引量から外れたときに，均衡取引量に戻るかどうかで判断

●クモの巣調整過程

マーシャル調整過程は今期の生産量が決まると，今期のうちには生産量を変更することはできず，来期にならないと生産量を変更できません。この前提に加え，さらに，生産者は今期の価格が来期もつづくという予

> 今期の値が来期も継続するだろうという予想を，**静態的期待形成**といいます。値が静かな態度で来期も変化しないということです。

想のもとで，来期の生産量を決定すると仮定します。

クモの巣調整過程の仮定（前提）

①今期の生産量は変更できず，今期のうちに来期の生産量を決定
②生産者は今期の価格が来期もつづくと予想する

講義7●市場均衡と安定性

それでは，図表7-5をつかって，クモの巣調整過程を説明しましょう。

(当初) 生産量が x_0 と，x_e よりも多かったとします。x_0 のとき，需要価格はBの高さの P_0 なので，P_0 の価格となります〈**当初の経済は点 B（x_0, P_0）**〉。今期のうちに来期の生産のために種を植えるとしましょう。仮定②より，今期の価格 P_0 が来期もつづくと予想するので，P_0 であれば供給曲線（S）上の点Cの生産量 x_1 の分だけ種を植えます。

図表 7-5 ●クモの巣安定のケース

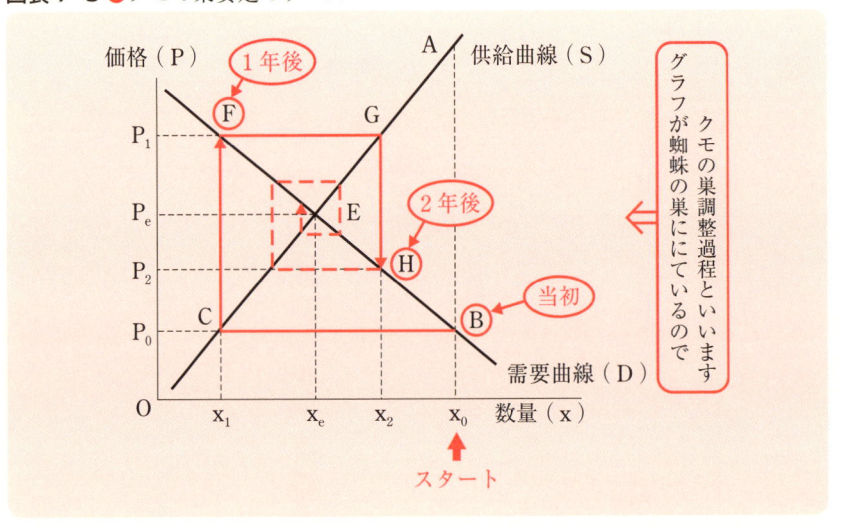

グラフが蜘蛛の巣ににているのでクモの巣調整過程といいます

(1年後) 1年経つと x_1 の生産量となります。x_1 のとき価格は需要曲線上の点Fの P_1 に決まります〈**1年後の経済は点 F（x_1, P_1）**〉。そして，来期も P_1 の価格がつづくと予想するので，供給曲線上の点Gの x_2 の分だけ種を植えます。

(2年後) 1年経つと x_2 の生産量となります。x_2 のとき価格は需要曲線上の点Hの P_2 に決まります〈**2年後の経済は点 H（x_2, P_2）**〉。

以上のようにして，経済は点 B→F→H→…と点Eに向かっていきます。このように図表7-5は，当初均衡点Eから大きく外れていた点Bであっても均衡点Eに向かっていくので，クモの巣調整過程で均衡が安定的，略して「**クモの巣安定**」といいます。また，図表7-5のよう

に，供給曲線が需要曲線より傾きが急だと安定になることがしられています。

逆に，図表7-6のように，需要曲線のほうが供給曲線より傾きが急だと，不安定になります。

(当初) 生産量が x_0 と，x_e より少しだけ多かったとします。x_0 のとき，需要曲線より，価格は点Bの P_0 となります《**当初の経済は点B (x_0, P_0)**》。今期の価格 P_0 が来期もつづくと予想するので，供給曲線の点Cの生産量，x_1 の分だけ種を植えます。

図表7-6 ●クモの巣不安定のケース

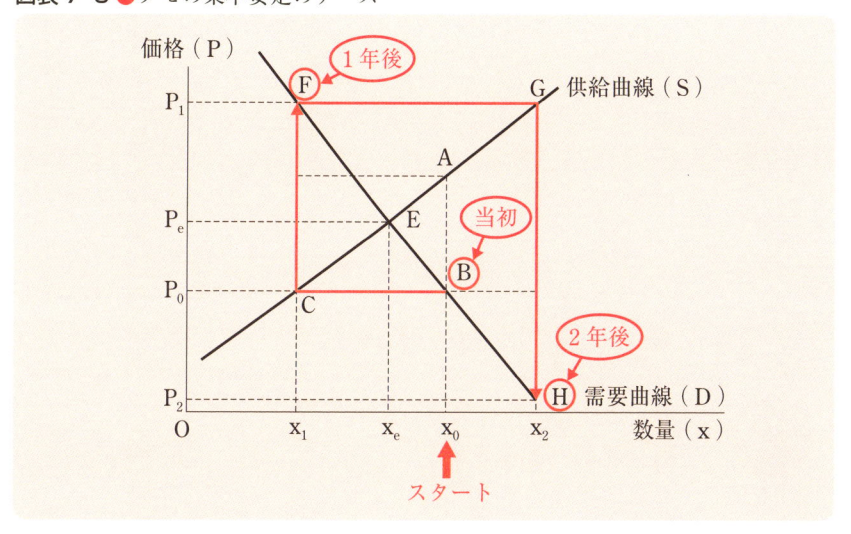

(1年後) 1年経つと x_1 の生産量となります。x_1 のとき価格は需要曲線より，点Fの P_1 と決まります《**1年後の経済は点F (x_1, P_1)**》。そして，P_1 が来期もつづくと予想するので，供給曲線より点Gの生産量 x_2 だけ種を植えます。

(2年後) 1年経つと x_2 の生産量となり，価格は需要曲線より，点Hの P_2 と決まります《**2年後の経済は点B (x_2, P_2)**》。

以上のように，経済は当初均衡点Eに近い点Bであっても，B→F→H→…と均衡点Eからどんどん遠ざかるので，クモの巣調整過程において，均衡は不安定となります(**クモの巣不安定**)。

講義7●市場均衡と安定性　79

●均衡の重要性

今回は，ワルラス，マーシャル，クモの巣と，3つの調整過程をまなびましたが，多くの場合で均衡は安定的であると考えられています。均衡が安定的とは，均衡からいったん離れても，やがて均衡に戻っていくということです。ですから，これから先の議論では，経済は均衡にあるとの前提をおくことになるのです。

●完全競争市場均衡

今回マスターした3つの調整過程は，その前提として市場需要曲線と市場供給曲線の交点Eを均衡としました。このように，一企業や少数の企業ではなく，市場全体の需要と供給の関係によって価格が決まると考えるのは，じつは完全競争市場を前提としているからなのです。完全競争市場であれば，売り手，買い手ともに多数なので個別の供給者や需要者は市場価格に影響を与えることはなく，価格は市場全体の需要と供給によって決まるのです。ですから，需要曲線と供給曲線の交点の均衡は，完全競争市場の均衡なので**完全競争均衡**とよばれます。

演習問題 7-1

空欄に語句を入れて文章を完成させなさい。

超過供給があるとき，①　が②　し，超過需要があるとき，①　が③　すると考えるのが④　調整である。

これにたいし，⑤　調整は，⑥　が⑦　より大きいとき生産量は増加し，逆に⑦　が⑥　より大きいと生産量は減少すると考える。⑤　調整は生産量の調整速度が⑧　い農作物や家畜などにあてはまる。

解答
①価格　②下落　③上昇　④ワルラス　⑤マーシャル　⑥需要価格　⑦供給価格　⑧遅（小さ）

> **演習問題 7-2**
> つぎの図のケースはワルラス調整，マーシャル調整それぞれで安定か不安定か説明しなさい。
>
> 価格軸に S：供給曲線、D：需要曲線

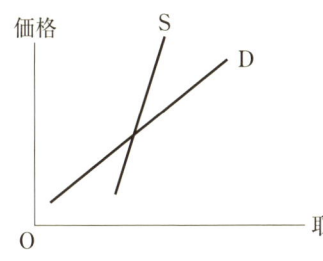

ヒント!

① ワルラス調整は，DとSの交点の価格（均衡価格）より少し高い価格のときに超過供給であれば，価格が下落し均衡価格に向かうので安定と判断できます。

② マーシャル調整は，DとSの交点の取引量（均衡取引量）よりも少し多い生産量のときに，需要価格が供給価格より低ければ，減産により均衡取引量に向かうので安定と判断できます。

解答＆解説

1. まず，ワルラス調整について図1をもちいて検討する。ワルラス調整とは，超過供給があれば価格は下落し，超過需要があれば価格は上昇するという調整過程である。

図1 ● ワルラス調整

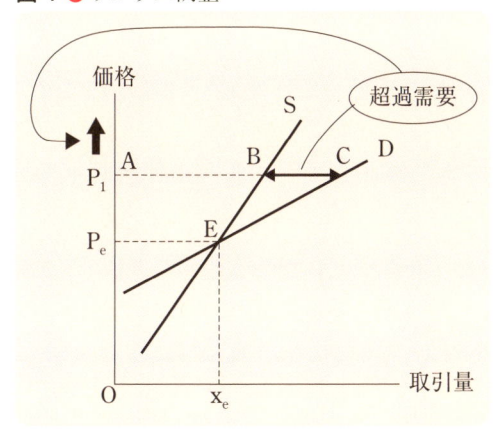

2. 図1のように均衡点をEとし，均衡価格をP_eとする。そして，P_eよりも高いP_1のとき，需要量ACにたいし供給量ABなので，BCだけ超過需要が発生する。ワルラス調整では，超過需要があれば価格は上昇する。

講義7 ● 市場均衡と安定性

3. したがって，均衡価格 P_e には戻ってこないのでワルラス不安定である。

4. つぎに，マーシャル調整について図2をもちいて検討する。マーシャル調整とは，需要価格が供給価格より大きければ生産量は増加し，少なければ生産量は減少するという調整過程である。

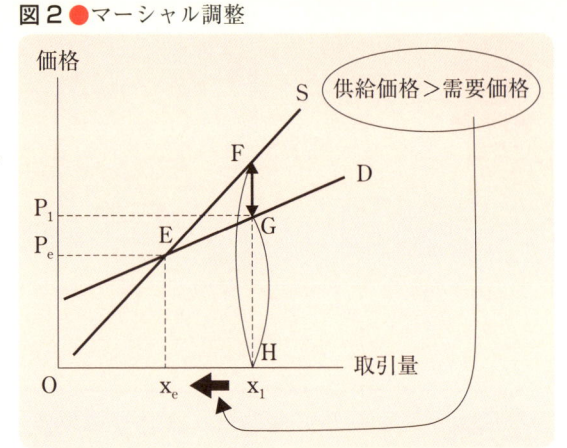

図2●マーシャル調整

(供給価格＞需要価格)

5. 図2のように均衡取引量を x_e とし，x_e よりも取引量が x_1 と多かったとする。x_1 のとき供給価格は FH であり需要価格 GH よりも FG だけ上回っており，供給者は損失をこうむっているので，来期以降の生産量を減らす。

6. したがって，生産量は x_1 から均衡取引量 x_e へ向かっていくので，マーシャル安定である。

7. 以上より，本ケースはワルラス不安定，マーシャル安定である。

以上

講義 LECTURE 08 完全競争市場の長期均衡

　前回はワルラス，マーシャル，クモの巣と，3つの調整過程をまなびましたが，これからは，経済学の標準とされるワルラス調整過程を前提に考えます。

　そして，均衡が安定するようなケース，具体的には右下がりの市場需要曲線と右上がりの供給曲線を前提に考えていきます。

●長期と短期のちがい

　すでに講義05で説明しましたが，すべての生産要素が可変的である期間を**長期**，固定的生産要素が存在する一定期間を**短期**といいます。ですから，「市場への参入・退出が自由」という条件をみたす完全競争市場であっても，短期では参入・退出はできません。なぜなら，短期では，数量をかえることができない固定的生産要素があるので，ほかの業界か

（工場や機械は急には増やせないということです。）

らその市場に参入しようとしても固定的生産要素を手に入れることができず，また逆に，退出しようと思っても，固定的生産要素を売り払って退出することもできません。あくまでも，参入・退出ができるのは，固定的生産要素の存在しない長期だけなのです。

長期と短期のちがい①

完全競争市場では，参入・退出が自由
↓
ただし，短期では固定的生産要素があるので参入・退出はできない
長期ではすべてが可変的生産要素なので参入・退出は自由となる

さらに，長期と短期のちがいとしては，費用曲線のちがいがあります。短期は，固定的生産要素があり，具体的には機械が10台と決まっていてかえることができない状況で，労働の量だけを変化させることによって生産量を調整しているということです。これにたいして，長期ではすべての生産要素は可変的なので，機械も10台や20台と変更でき，労働も変更できるということです。もちろん，機械の台数もかえることができる長期のほうが，自由度があり安い費用で生産することが可能です。

　ですから，短期の費用曲線と長期の費用曲線はまったく別のものになるので，混同してはいけません。しかし，短期と長期の費用曲線の間には密接な関係もあり，たとえば，平均費用曲線であれば図表8-1のような関係があります。長期費用曲線をLAC，短期費用曲線をSACとし，

> 長期はLong-runのL，短期はShort-runのSをつかいます。

機械が1台のときの短期平均費用曲線をSAC_1，2台のときをSAC_2，3台のときをSAC_3，4台のときをSAC_4とします。すると，長期平均費用曲線（LAC）はSACを下から包み込んだ曲線となります。

　この部分はややこしいところですので，図表8-1に深入りするのは止めておきます。図表8-1からまなびとってほしいことは，「長期と短期では費用曲線がちがう」ということです。

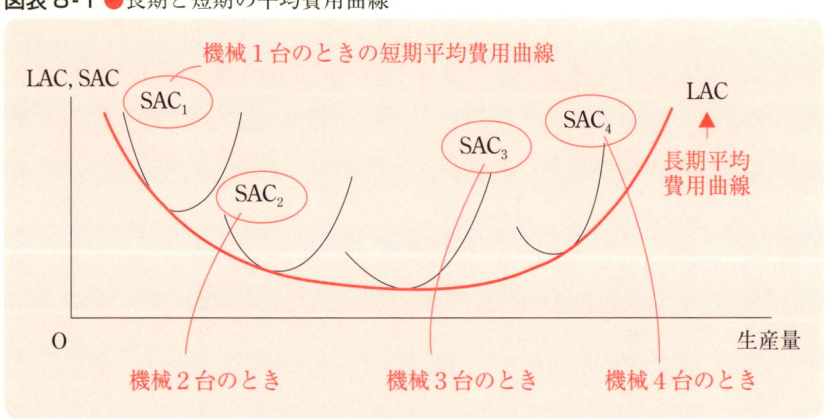

図表8-1 ●長期と短期の平均費用曲線

長期の場合にも、短期と同様に、長期総費用曲線（LTC）、長期平均費用曲線（LAC）、長期限界費用曲線（LMC）があるのですが、平均可変費用曲線（AVC）と平均固定費用曲線（AFC）はありません。なぜなら、長期では固定的生産要素がないので固定費用もなく、すべては可変費用だからです。ですから、長期総費用は長期可変費用と等しく、長

> 総費用＝固定費用＋可変費用＝０＋可変費用＝可変費用となります。

期平均費用（LAC）は長期平均可変費用と等しくなるのです。

長期と短期のちがい②

長期では固定費用がなく、
総費用＝可変費用
長期平均費用＝長期平均可変費用

長期の限界費用曲線（LMC）が図表8-2のようにU字型であると仮定すると、長期平均費用曲線（LAC）も、U字型となり、LMCはLACをLACの最小点（A）で下から上に突き抜けます。このLMCとLACの関係は、短期（図表8-3）のMCとAVCの関係とおなじです。これは、長期のLACはじつはLAVC（平均可変費用曲線）でもあることによるものです。図表8-2は正確に描くことができるようにしておきましょう。

図表8-2 ●長期費用曲線

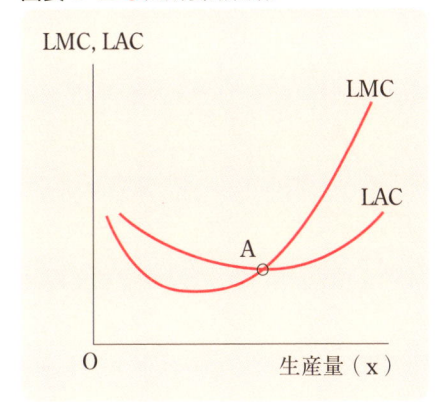

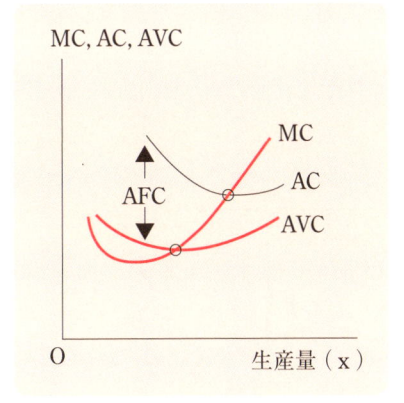

図表8-3 ●短期費用曲線

● 長期供給曲線

それでは、図表8-2の長期費用曲線を前提に、図表8-4で完全競争企業の長期供給曲線（S）を求めましょう。

市場価格がP_0のとき、プライステーカーである完全競争企業の直面する需要曲線はP_0で水平なd_0となり、限界収入曲線（MR_0）もP_0で水平です。企業は、$MR_0 = LMC$で利潤最大となる点e_0の生産量x_0に決定します。x_0のとき価格はP_0でe_0の高さですが、平均費用はLACよりfなので、1個あたりe_0fだけプラスの利潤があります（平均利潤＝e_0f）。同様に、市場価格がP_1のとき限界収入曲線はMR_1となり、企業は$MR_1 = MC$で利潤最大となる点e_1の生産量x_1に決定します。そしてx_1のとき、e_1gだけプラスの平均利潤があります。

そして、市場価格がLACとLMCの交点Aの水準P_Aまで下がると、限界収入曲線はMR_Aとなり、企業は$MR_A = LMC$で利潤最大となる生産量x_Aに決定します。x_Aのとき価格はP_AでAの高さですが、LACより平均費用もAの高さなので平均利潤は0となり、全体の利潤も0となります。利潤0なので点Aは損益分岐点なのですが、長期では操業

図表8-4 ● 企業の長期供給曲線

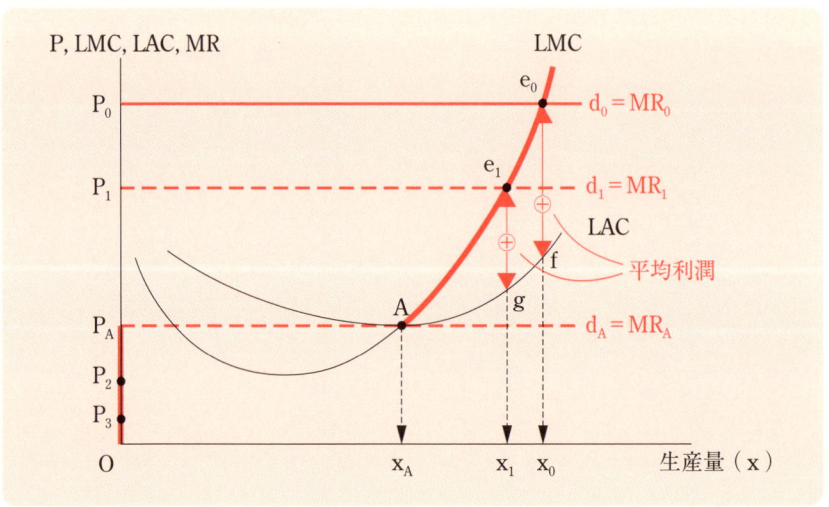

停止点にもなります。なぜなら，長期では固定費用がないので，操業を停止し生産量が0のときには，すべてが可変費用である総費用を0にできるので，利潤が0となるからです。つまり，点Aで利潤0であれば，操業停止時の利潤とおなじになってしまうのです。そして，さらにP_Aよりも価格が低下し，P_2やP_3となると操業停止，つまり生産量0を選択します。

ですから，価格と供給量の関係を示す供給曲線は，点Aと点Aよりも右上のLMCと，P_A以下の縦軸となります。そして，市場供給曲線は，短期のときとおなじく，個別の企業の供給曲線を横に足すことによって求めることができます（図表8-5）。

図表8-5 ●長期市場供給曲線

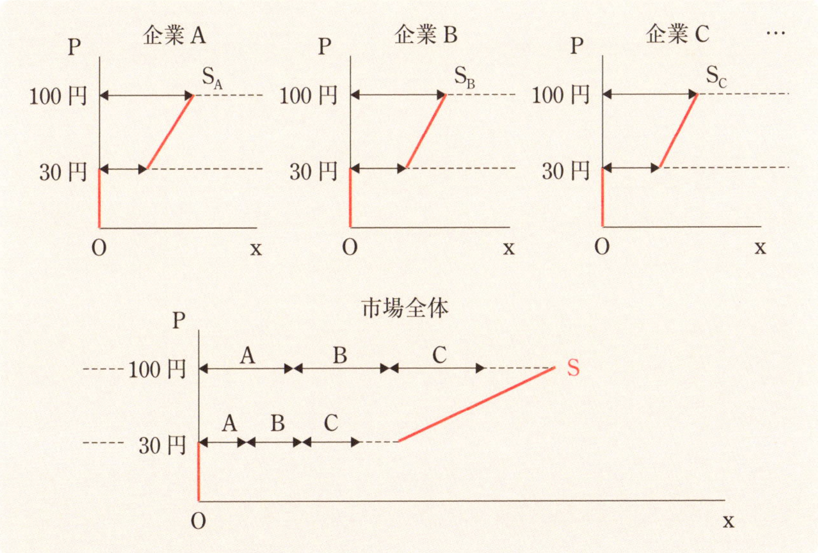

●完全競争の長期均衡

それでは，図表8-6の〈図A〉と〈図B〉をつかって，完全競争の長期均衡について説明することにしましょう。〈図A〉の横軸は市場取引量であり，Qであらわします。〈図B〉の横軸は一企業の生産量で，qであらわします。これは，おなじ記号のままでもよいのですが，大きさ

がちがうことを意識してもらうためQとqとにわけたのです。完全競争市場では売り手は多数なので、一企業は市場全体からみると小さな存在ですから、生産量qも100個や200個というレベルでしょう。しかし、市場の供給量Qは多数の企業の供給量の合計なので、100万個とか10億個など、桁外れに大きいのです。

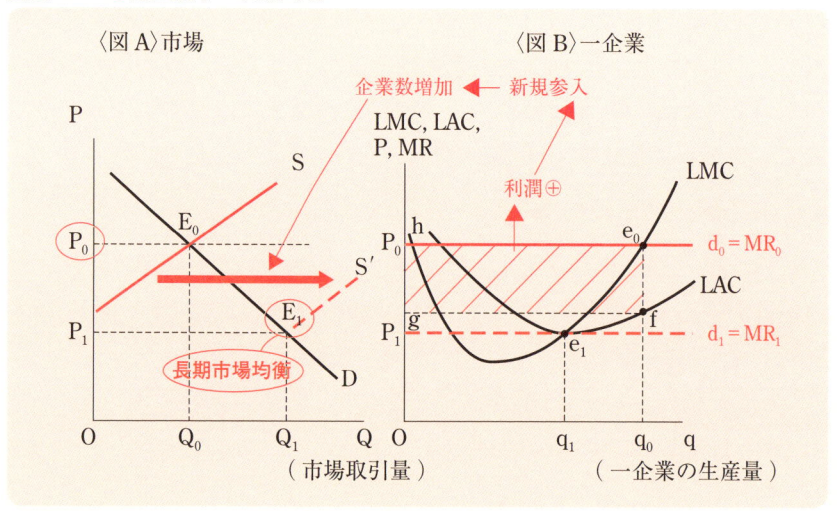

図表8-6 ●完全競争の長期均衡

〈図A〉市場　　〈図B〉一企業

当初、市場において価格がP_0と決まったとしましょう〈図A〉。すると、〈図B〉において、企業は$MR_0 = LMC$で利潤最大となる点e_0の生産量q_0に決定します。q_0のとき、価格P_0（e_0の高さ）より平均費用（fの高さ）が低いので、$e_0 f$だけ平均利潤はプラスであり、これに生産量q_0（he_0）を掛けた長方形$e_0 fgh$がプラスの利潤となります。

企業の利潤がプラスとは、ほかの産業よりも利益が大きいということを意味するので、ほかの産業からの新規参入がおこります。新規参入がおこれば、この市場の供給者の数が増加します。そうなると、図表8-5で説明したように、市場供給曲線（S）は各企業の供給曲線を横に足すことによって求められるので、横に足す企業の供給曲線の数が増えれば市場供給曲線は右へと移動（シフト）します。これは図表8-6〈図A〉の市場供給曲線（S）の右シフトとなります。

そして，新規参入によってどこまで市場供給曲線が右シフトするかというと，需要曲線（D）との交点が E_1 となる S′ までです。理由はつぎのようになります。S′ のとき均衡価格は P_1 となり，〈図B〉より P_1 のときに企業は $MR_1 = LMC$ で利潤最大となる点 e_1 の生産量 q_1 に決定します。q_1 のとき LAC は e_1 の高さで P_1 とおなじ，つまり $P_1 = LAC$ なので平均利潤は 0 となり，全体の利潤も 0 となります。利潤が 0 とは，ほかの産業とおなじ利益ということですから，もう新規に参入する魅力がなくなって参入が止まり，供給曲線の右シフトも止まるのです。
　ですから，完全競争市場の長期均衡とは，単に需要曲線と供給曲線の交点というだけではなく，その価格のときに企業の利潤が 0 となるような点ということになり，図表8-6〈図A〉の点 E_1 となります。

完全競争市場の長期均衡

①需要曲線と供給曲線の交点

かつ

②利潤＝0 となる価格水準

演習問題 8-1

つぎの文章の空欄を埋めて文章を完成させなさい。
　長期においては，　①　費用は存在せず，総費用はすべて　②　費用となるので，平均費用は　③　費用と等しい。
　完全競争市場においては，利潤がプラスであると　④　がおこり，　⑤　曲線が右シフトする結果，価格が下落する。最終的には利潤が　⑥　となるまで供給曲線は右シフトする。

解答
①固定　②可変　③平均可変　④新規参入　⑤（市場）供給曲線　⑥ 0（ゼロ）

講義 LECTURE 09 独占企業の生産行動，価格差別

　講義05から講義08までは，完全競争企業の生産行動を考えました。完全競争企業は市場価格を受け入れるだけの小さな存在ですが，現実には，企業の中には市場価格に影響を与える大企業も存在します。そこで，今回は，市場価格を左右する力をもつ大企業について，もっともシンプルな**モデル**である独占について考えます。

> モデルとは，分析しやすいように複雑な現実経済を単純化したものです。

● 独占の種類

　独占には供給者が単一（一社あるいは一人）である**供給独占**，需要者が単一である**需要独占**，供給者・需要者の双方ともに単一である**双方独占**の3種類があります。通常，独占という場合，大企業が一社で財を供給し市場を支配している状態，つまり供給独占をイメージするのではないでしょうか。経済学でも通常，「独占」とだけいうときは供給独占を意味します。ですから，供給独占について分析していくことにします。

　（供給）独占は，供給者は単一なので完全競争市場の条件のうち，「①需要者・供給者ともに多数存在」をみたしません。また，独占が継続するのであれば，「④市場への参入・退出は自由」の条件も欠けることになります。

● プライスメーカー

　（供給）独占市場において，需要者は多数存在し，市場の需要曲線は図表9-1のように右下がりであったとしましょう。図表9-1は市場需要曲線ですので数量は多く，横軸の需要量の単位は億個としましょう。通

常，需要曲線は，90円のとき点Bより1億個の需要量，50円のときには点Fより5億個の需要量，と図表9-1の①のように読みます。ところで，いま供給者は一社なので，市場全体の需要量と独占企業の生産量（供給量）はおなじです。（すべての需要者は独占企業から買うしかないからです。）ですから，点Fは図表9-1②のように，独占企業が5億個生産したときには50円で需要してもらえる，と読むこともできます。このように読むと，0個目は点Aで100円で需要してもらえることになります。しかし0個では価格はないので，1個目と考えてください。横軸の単位が億個なので，0個も1個もほぼおなじということです。そして，1億個生産すると点Bより90円で需要してもらえ，3億個生産するとD点より70円で需要してもらえます。このように，**市場需要曲線**は，独占企業の生産量と需要してもらえる価格の関係をあらわしているので，**独占企業の直面する需要曲線**となります。

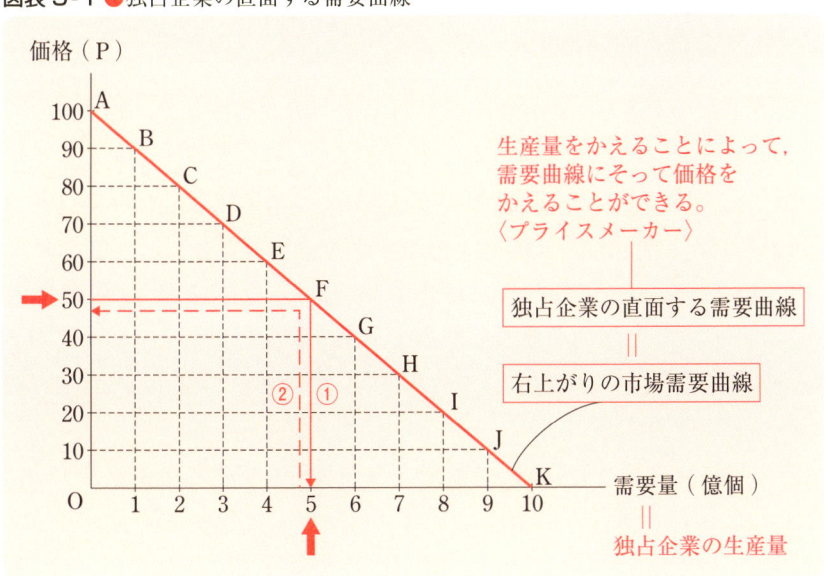

図表9-1 ●独占企業の直面する需要曲線

生産量をかえることによって，需要曲線にそって価格をかえることができる。〈プライスメーカー〉

独占企業の直面する需要曲線
＝
右上がりの市場需要曲線
＝
独占企業の生産量

そして，独占企業の直面する需要曲線が右下がりということは，独占企業が生産量を0億個（1個）→1億個→2億個→3億個→4億個→5

億個…と増加させると，価格は100円→90円→80円→70円→60円→50円…と下落します。逆にいえば，生産量を5億個→4億個→3億個…と減少させると，価格を50円→60円→70円…とつり上げることもできます。つまり，独占企業は生産量をかえることによって，需要曲線にそって価格をかえることができるのです。このように，自分の生産行動によって価格をかえることができる供給者や需要者を，**プライスメーカー**（価格設定者）といいます。

> **独占企業の直面する需要曲線**
>
> 独占企業の直面する需要曲線＝右下がりの市場需要曲線
> ↓
> プライスメーカー←｛生産量を増やせば価格は下がり
> 　　　　　　　　　生産量を減らせば価格は上がる

● 独占企業の限界収入

それでは，図表9-1の独占企業の直面する需要曲線を表にして，総収入と限界収入を図表9-2をつかって求めましょう。総収入は生産量（供給量）×価格ですので，生産量が0億個のときには0×100円＝0円，1億個のときには1億個×90円＝90億円，3億個のときには3億個×70円＝210億円，4億個のときには4億個×60円＝240億円，5億個×50円＝250億円，と増加します。しかし，5億個を超えると，6億個のとき6億個×40円＝240億円，7億個のとき7億個×30円＝210億円，と減っていきます。

そして，生産量を0億個→1億個→2億個→3億個，と1億個ずつ増やしたときに，総収入の増加は＋90億円→＋70億円→＋50億円→＋30億円→＋10億円→－10億円→－30億円となります。これらは，1億個生産量を増やしたときの総収入の増加なので，それを1億個で割ることによって，生産量を1個増やしたときの総収入の増加である限界収入を求めることができます。

図表9-2 ●独占企業の限界収入〈表〉

生産量	価格		総収入	収入の増加	限界収入
0億個	×100	=	0円	—	—
1億個	×90	=	90億円	+90億円	90円
2億個	×80	=	160億円	+70億円	70円
3億個	×70	=	210億円	+50億円	50円
4億個	×60	=	240億円	+30億円	30円
5億個	×50	=	250億円	+10億円	10円
6億個	×40	=	240億円	−10億円	−10円
7億個	×30	=	210億円	−30億円	−30円

図表9-3 ●独占企業の限界収入〈グラフ〉

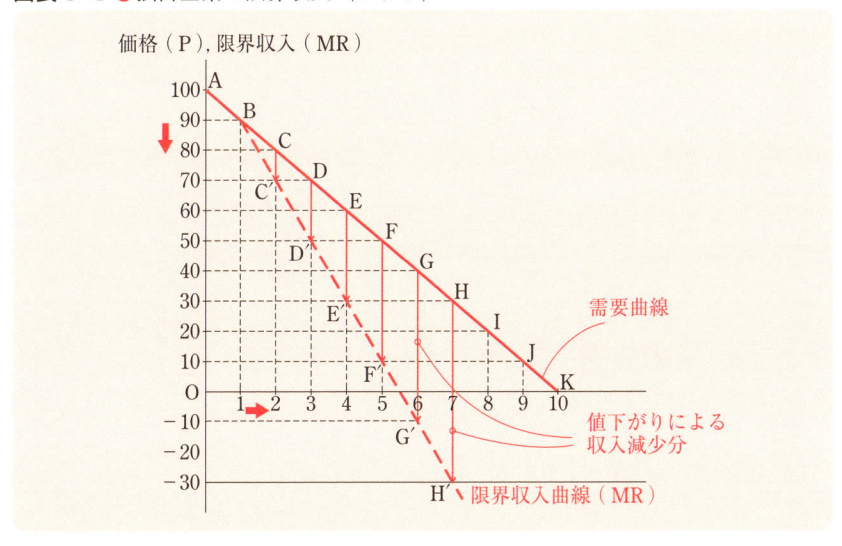

このようにして求めた限界収入と生産量の関係である限界収入曲線を描くと図表9-3のMRとなり，価格と生産量の関係である需要曲線の（独占企業の直面する需要曲線ですが，市場需要曲線とおなじです。）下方に位置します。その理由を具体例で説明しましょう。生産量が1億個であれば価格は90円です。ここから1億個生産量を増やし2億個生産すると，価格は80円に下がってしまいます。これは，最初の1億個

講義9 ● 独占企業の生産行動，価格差別

は90円で，つぎの1億個は80円というわけではなく，2億個すべてが80円となります。ということは，1億個だけ生産すれば90円で売れたものが，2億個生産することによって生産した量すべて，80円に値下がりしてしまうのです。

ですから，2億個目を生産すると，80円（Cの高さ）で販売できるので，価格80円だけ収入は増加するのですが，生産量を増やすことによって，90円から80円に値下がりすることによる収入減少の分（CC′）だけ限界収入は小さくなるのです。このように，右下がりの需要曲線に直面する独占企業の限界収入は，生産量を1個増やしたときの価格から，値下がりによる収入減を差し引くことになります。価格をあらわしているのが需要曲線ですから，限界収入曲線（MR）は需要曲線より値下がりによる収入減少分だけ下方に位置することになります。

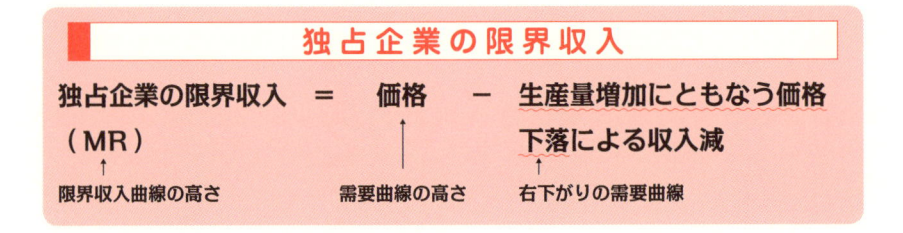

■ **独占企業の限界収入**

独占企業の限界収入　＝　価格　－　生産量増加にともなう価格
（MR）　　　　　　　　　　　　　　　　下落による収入減
↑　　　　　　　　　　↑　　　　　　　　↑
限界収入曲線の高さ　　需要曲線の高さ　　右下がりの需要曲線

●独占企業の生産行動

図表9-4は，図表9-3の需要曲線（D），限界収入曲線（MR）に，U字型の限界費用曲線（MC）を加えたものです。

独占企業も，完全競争企業と同様に利潤最大化を目的とし，1個ずつ生産量を増やすかどうか考えます。図表9-4において，生産量 Q_m 個までは，限界収入（MR）が限界費用（MC）より大きい，つまり，生産量を1単位増やしたときの収入の増加が，費用の増加よりも大きいので，利潤が増加します。したがって，Q_m までは生産量を増加させます。しかし Q_m になると，MR＝MC となり利潤はもう増加せず，Q_m を超えて生産すると，費用の増加（MC）のほうが収入の増加（MR）より大き

図表9-4 ●独占企業の生産行動

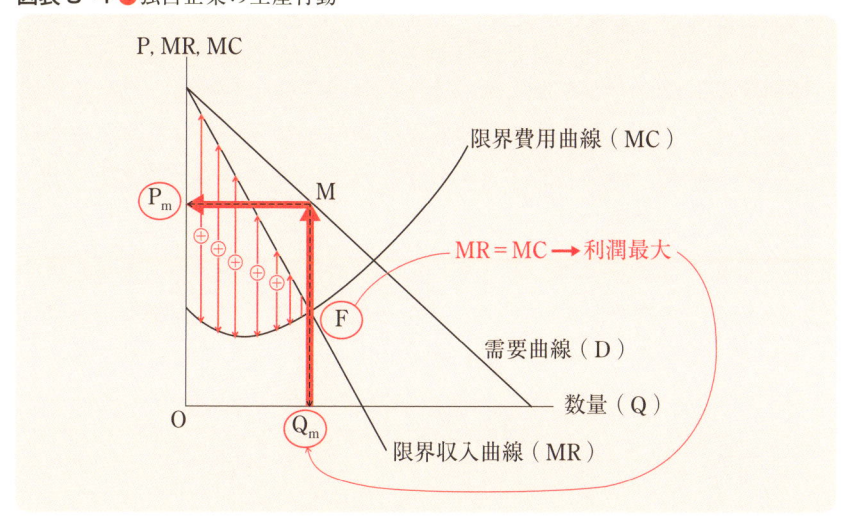

[図：縦軸 P, MR, MC、横軸 数量（Q）。限界費用曲線（MC）、需要曲線（D）、限界収入曲線（MR）が描かれ、MR=MCとなる点Fの上に点Mがあり、価格P_m、生産量Q_mが示されている。MR=MC → 利潤最大]

いので、かえって利潤が減ってしまいます。以上より、利潤が最大となる生産量はMR=MCとなるQ_mであり、利潤最大を目的とする独占企業の生産量は、このQ_mの生産量に決定します。

そして、Q_mの生産量のとき需要曲線（D）より、点Mの高さの価格P_mであれば需要者は需要してくれるので、P_mに価格設定します。このように、独占企業は生産量（Q_m）と価格（P_m）を同時に決め、供給点Mを選択します。完全競争企業のように供給曲線にはならないので注意しましょう。

> 価格と供給量の関係ですが、独占企業は価格P_mだけなので点はM（Q_m, P_m）しか存在せず、点をむすんだ曲線にはなりません。

独占企業の生産行動

利潤最大 ➡ MR = MC となる生産量 Q_m

需要曲線にそって Q_m のときの価格に設定

それではつぎに、この独占企業の生産行動のモデルをつかう価格差別について考えましょう。

●価格差別とは

　価格差別とは，おなじ財（商品）を異なる市場において，異なる価格で供給することをいいます。おなじ財なのですから，おなじ価格で供給するのが当然だと思われるかもしれませんが，価格差別は企業が利潤最大化を目指した結果，ちがう価格で販売されるのです。

　価格差別の例としては，スーパーでは200円のビーチサンダルが海の家では500円で売られている例，学割や高齢者割引，深夜割引などがあります。これらはいずれも，価格が高くても低くてもあまり需要量がかわらない需要者には高い価格を，価格を下げると需要量が大きく増える需要者には低い価格を設定することによって，利潤最大化を目指すのです。

（需要の価格弾力性が小さいといいます（→P44参照）。）
（需要の価格弾力性が大きいといいます。）

価格差別

価格差別：同一の財を異なる価格で供給すること
　　　　{ 需要の価格弾力性の小さい市場→高い価格
　　　　　　↑
　　　　　高くても買ってくれる
　　　　{ 需要の価格弾力性の大きい市場→低い価格

●価格差別はなぜおこるか

　価格差別の説明については，話を簡単にするために，供給独占市場を前提として考えるのが一般的です。そこで，ある独占企業がある財Xを国内と海外の2つの市場で販売するとします。そして，国内市場の需要曲線が図表9-5のD_j，海外市場の需要曲線が図表9-6のD_aであったとしましょう。そして，限界収入曲線は需要曲線の下方に位置し，それぞれMR_j，MR_aであったとしましょう。また，単純化のため限界費用は

常にCで一定であり、限界費用曲線（MC）はCで水平とします。

> ここでは、MCをU字型にすると議論が複雑になってしまうので、U字型とはしません。

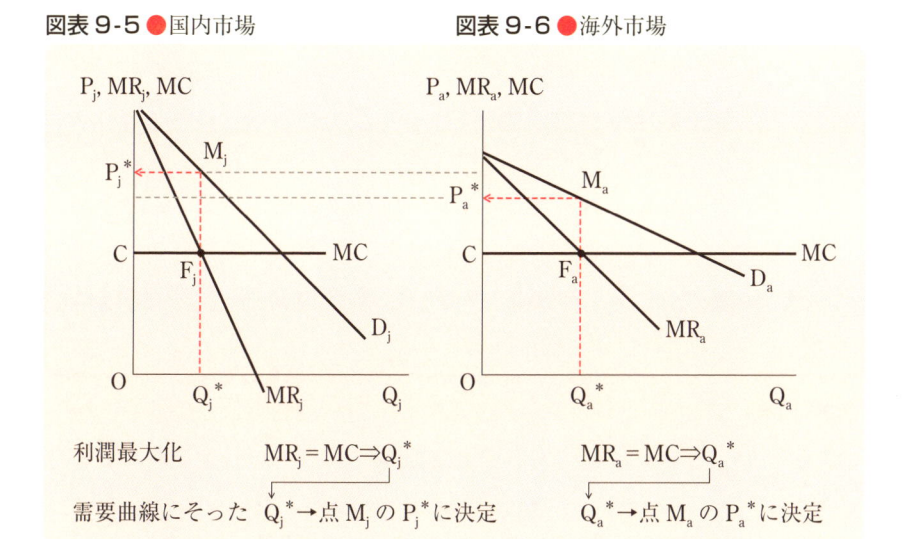

図表9-5 ●国内市場　　　　図表9-6 ●海外市場

利潤最大化	$MR_j = MC \Rightarrow Q_j^*$	$MR_a = MC \Rightarrow Q_a^*$
需要曲線にそった	$Q_j^* \to$ 点 M_j の P_j^* に決定	$Q_a^* \to$ 点 M_a の P_a^* に決定

まず、国内市場（図表9-5）から考えると、企業は利潤最大となる、つまり、$MR_j = MC$ で利潤最大となる点 F_j の生産量 Q_j^* に決定し、価格は需要曲線（D_j）にそって、点 M_j の高さの P_j^* に設定します。

つぎに海外市場（図表9-6）を考えると、$MR_a = MC$ で利潤最大となる点 F_a の生産量 Q_a^* に決定し、価格は需要曲線（D_a）にそって点 M_a の高さ P_a^* に決定します。その結果、国内価格（P_j^*）と海外価格（P_a^*）は異なるという価格差別を説明することができるのです。

つまり、市場を2つにわけることができれば、それぞれの市場において、独占企業は利潤最大となる生産量と価格を決定するので、よほどの偶然がないかぎり、2つの市場の価格はちがうはずです。これが価格差別なのです。

演習問題 9-1

つぎの文章の空欄を補充し文章を完成させなさい。

独占には ① 独占，② 独占，③ 独占の3つがあるが，通常は ① 独占をさす。① 独占企業は，① 者が単一なので，④ が企業の直面する需要曲線となる。その結果，企業は ⑤ 下がりの需要曲線に直面するので，生産量を減らせば価格を ⑥ ることができる ⑦ となる。逆にいえば，生産量を増やすと価格が下落した分だけ収入が減少するので，⑧ は価格より小さく，⑧ 曲線は需要曲線の下方に位置する。そして，独占企業の生産量は，⑧ と ⑨ が等しい生産量に決定し，価格は ⑩ にそって設定する。

解答

①供給　②③需要，双方　④市場需要曲線　⑤右　⑥引き上げ（上昇させ）　⑦プライスメーカー　⑧限界収入　⑨限界費用　⑩需要曲線

演習問題 9-2

独占企業の生産行動について説明しなさい。

ヒント！

①利潤最大 → MR＝MC となる生産量
②需要曲線にそって，価格設定

解答

1. 独占には，供給者が単一である供給独占，需要者が単一である需要独占，双方が独占である双方独占の3つがあるが，本問では供給独占に限定して説明する。

2. 市場需要曲線は図1のDのように右下がりとし，限界費用曲線はMCのようなU字型であると仮定する（図1）。

3. 市場において供給者が単一であることから，右下がりの市場需要曲線（D）が独占企業の直面する需要曲線となる。その結果，独占企

図1

価格（P），限界収入（MR），限界費用（MC）

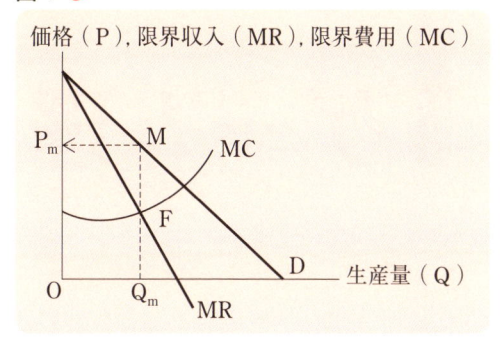

P_m ← M MC
        F
            D 生産量（Q）
O Q_m MR

業が生産量を増加させると価格が下落してしまうので，限界収入曲線（MR）は需要曲線（D）の下方に位置する。

4．独占企業は利潤最大化を目的とするので，限界収入（MR）が限界費用（MC）より大きいかぎり生産量を増やしつづけ，両者が等しくなる水準 Q_m に決定する。そして，価格は，Q_m のときの需要曲線上の点 M の価格 P_m に設定する。以上より，独占企業の生産行動は点 M（Q_m, P_m）を選択することとなる。

以上

講義 LECTURE 10 ゲーム理論

　前回は独占について説明しましたが，現実経済では，供給者が単一という独占は珍しく，大企業数社で競争することが多いです。たとえば，自動車市場であれば，トヨタ，ホンダ，日産をはじめ数社ですし，デジカメもパナソニック，ソニー，キヤノンなど数社です。このように，供給者が少数である市場を寡占といい，独占市場とはちがった特徴をもっています。今回は，この寡占市場の特徴と，寡占市場における企業の行動を分析する方法の１つである，ゲーム理論について説明します。

● 寡占市場の特徴

　供給者が少数である寡占市場は，完全競争市場の条件「①需要者・供給者ともに多数存在」が欠けています。また，寡占が長期にわたって継続していれば，完全競争市場の条件「④市場への参入・退出は自由」も欠けていることになります。そして，供給者は少数で市場を支配しているのですから，大企業となります。

　このような寡占市場では，供給者は大企業なので，市場価格に影響を与えるプライスメーカーです。ですから，寡占企業の行動（戦略）は，市場価格を通じて，ほかの企業と影響を及ぼし合います。

　　　　　　　お互いに影響を及ぼし合うことを**戦略の相互依存性**といいます。

　したがって，寡占企業の利得は，ライバルの行動（戦略）によってか
ゲームの理論では，利潤や利益ではなく，利得という用語をつかいます。
わってくることになるので，事前に確実にはわかりません。たとえば，トヨタの利得（利益，利潤）はホンダの戦略によってかわってきますし，ホンダの利得（利益，利潤）もまたトヨタの戦略によってかわるので，

自分の利得（利益，利潤）を事前に確実に予想することはできません。このように，寡占市場は不確実な世界となります。

この**不確実性**という特徴は，いままでまなんだ完全競争市場や独占市場にはないものです。なぜなら，完全競争企業や独占企業は MR＝MC となる生産量に決定すれば，必ず（＝確実に）利潤最大となるので不確実性がないからです。

寡占市場の特徴

寡占：供給者が少数の市場
↓
お互いに影響を及ぼし合う〈戦略的相互依存性〉
↓
ライバルの行動により，自分の利益や利潤がかわる〈不確実性〉

●ゲーム理論

このように，お互いに影響を及ぼし合う少数の供給者の行動（戦略）を分析する手法の1つとして，**ゲーム理論**があります。ゲームとはオセロや将棋などのゲームのことで，お互いに相手の出方によって自分の有利・不利がかわってくるという意味で，戦略的相互依存性があり，寡占市場とおなじ特徴をもちます。つまり，相手の戦略（出方）を考えながら，自分の戦略を決めていかなくてはならないという意味では，ゲームと寡占市場の本質はおなじだということです。

このゲーム理論をもちいて寡占市場を分析するときには，供給者は2社であると単純化するのが通常ですので，供給者は2社のみと仮定して

供給者が2社の場合は，寡占のなかでも**複占**とよばれます。

議論をすすめましょう。

●利得表

ゲーム理論では，**利得表**を頻繁につかいます。それでは，利得表につ

いて，図表10-1の例で具体的に説明しましょう。まず，この市場には供給者がAとBしか存在しない複占とします。このA，Bをゲーム理論では**プレーヤー**といいます。そして，A，Bともに価格維持と値下げという選択肢があるとします。このプレーヤーが取りうる選択肢を，ゲーム理論では**戦略**といいます。

図表10-1 ●利得表（Aの利得，Bの利得）

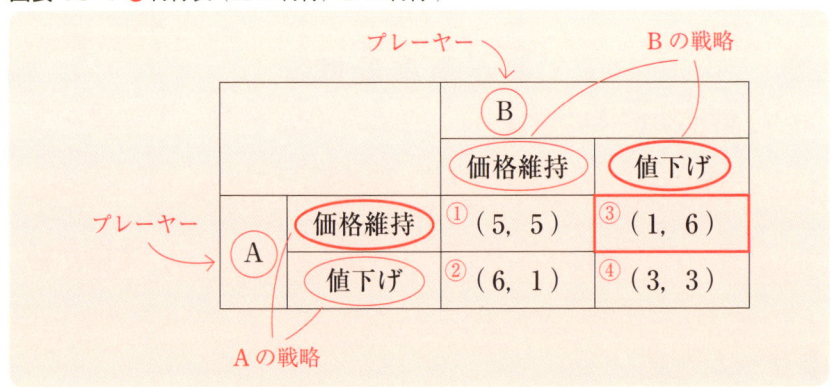

		B	
		価格維持	値下げ
A	価格維持	①（5, 5）	③（1, 6）
	値下げ	②（6, 1）	④（3, 3）

（プレーヤー：B、Bの戦略、プレーヤー：A、Aの戦略）

そして，Aが価格維持の戦略を採用し，Bも価格維持の戦略を採用するときのAとBの利得が①の欄にあります。図表10-1のタイトルに（Aの利得，Bの利得）とあるのは，カッコの左側がAの利得，右側がBの利得ということを意味しています。ですから，①の（5, 5）はAの利得が5，Bの利得も5という意味になります。

同様に，Aが値下げの戦略を採用し，Bが価格維持の戦略を採用した場合には②となり，（6, 1）とは，Aの利得は6，Bの利得は1となります。Aが価格維持，Bが値下げのときには③となり，（1, 6）なので，Aの利得は1，Bの利得が6となります。また，Aが値下げ，Bも値下げのときには④となり，（3, 3）より，A，Bともに利得は3となるのです。

●ナッシュ均衡とは

利得表の読み方を説明しましたので，いよいよゲーム理論の内容に入っていきましょう。お互いに影響を及ぼし合うプレーヤーが，自分の利

得の最大化を考えたときの均衡（落ち着きどころ）としてもっとも有名な考えが，ナッシュ均衡です。**ナッシュ均衡**とは，すべてのプレーヤーがほかのプレーヤーの戦略にたいして最適な戦略を選択している状態をいいます。プレーヤーがAとBの2者のケースでいえば，Aの戦略にたいしてBは最適な戦略を採用しており，同時に，BもAの戦略にたいして最適な戦略を採用しているということです。ですから，A，Bともに最適な戦略を採用しているので，戦略を変更しようというインセンティブ（動機づけ）が働かず，この戦略の組み合わせに落ちつく，すなわち，均衡となるのです。

ナッシュ均衡

すべてのプレーヤーが，ほかのプレーヤーの戦略にたいして，
最適な戦略を採用している状態
⬇
すべてのプレーヤーに戦略変更のインセンティブがない
⬇
その状態（戦略の組み合わせ）に落ち着く
＝
均衡

● **ナッシュ均衡の求め方**

ナッシュ均衡を求めなさいという問題は頻繁に出題されるので，マスターする必要があります。それでは，例題を解きながら説明しましょう。

例題10-1　つぎの利得表のナッシュ均衡を求めなさい。ただし，カッコの左側がAの利得，右側がBの利得とする。

	B1	B2
A1	(5, 5)	(1, 6)
A2	(6, 1)	(3, 3)

解答&解説

　この利得表は，戦略表現こそ価格維持が戦略1（A1，B1），値下げが戦略2（A2，B2）とちがいますが，利得の値はすべて図表10-1とおなじです。それでは図表10-2，10-3をもちいてナッシュ均衡の求め方を説明しましょう。

　まず，図表10-2のように，AがA1を選択したとしましょう（①）。このとき，BはB1を選択すると（5，5）より利得が5，B2を選択すると（1，6）より利得は6となり，利得の大きいB2を選択します。

　ではつぎに，Bが図表10-2のB2を選択したときのAの戦略について考えます（②）。BがB2のとき，AはA1だと（1，6）より利得は1，A2だと（3，3）より利得は3となり，利得が大きいA2を選択します。つまり，A1から戦略を変更してしまいます。したがって，AがA1のときBはB2ですが，BがB2のときAはA2へ戦略変更してしまうので，A1のときにはナッシュ均衡はないということになります。

図表10-2 ●ナッシュ均衡①-1

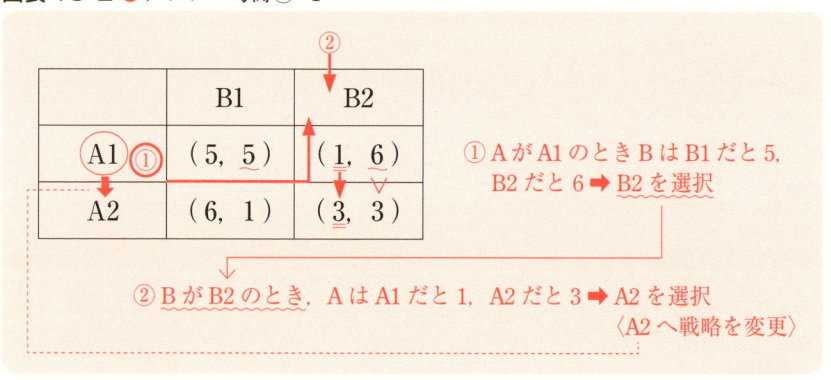

	B1	B2
A1	(5, 5)	(1, 6)
A2	(6, 1)	(3, 3)

① AがA1のときBはB1だと5，B2だと6 ➡ B2を選択

② BがB2のとき，AはA1だと1，A2だと3 ➡ A2を選択
〈A2へ戦略を変更〉

　こんどは図表10-3で，AがA2を選択したケース（③）を考えましょう。AがA2のとき，BがB1を選択すれば（6，1）より利得は1，B2を選択すれば（3，3）より利得は3なので，利得の大きいB2を選択します。

　つぎに，BがB2を選択したときのAの戦略を考えます（④）。A1だと（1，6）より利得は1，A2だと（3，3）より利得は3となるので

利得の大きいA2を選択します。つまり，A2のまま選択を変更しません。

以上より，AがA2のとき，BはB2が最適であり，BがB2のときAはA2が最適なので，（A2，B2）という戦略の組み合わせが，A，Bともに相手の戦略にたいして最適な戦略をとっている状態であり，これがナッシュ均衡となるのです。

図表10-3 ●ナッシュ均衡①-2

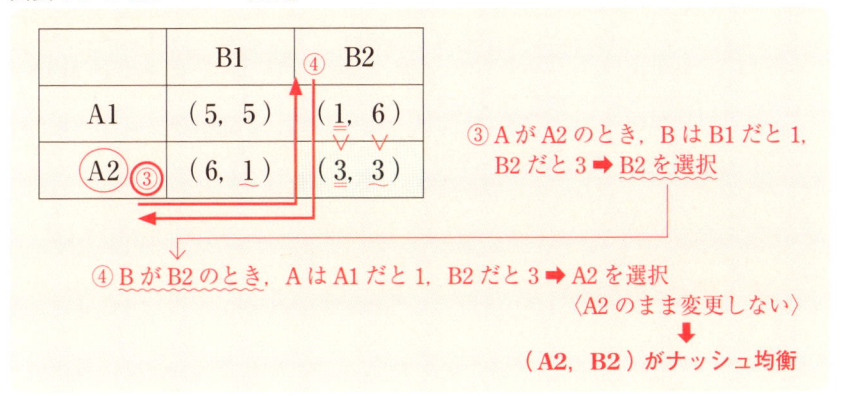

	B1	B2
A1	(5, 5)	(1, 6)
A2	(6, 1)	(3, 3)

③ AがA2のとき，BはB1だと1，B2だと3 ➡ B2を選択

④ BがB2のとき，AはA1だと1，B2だと3 ➡ A2を選択
〈A2のまま変更しない〉
（A2，B2）がナッシュ均衡

つまり，AがA1のときにはその選択が変更される可能性があるのでナッシュ均衡はなく，AがA2のときには（A2，B2）がナッシュ均衡となるので，（A2，B2）が唯一のナッシュ均衡となります。

なお，ナッシュ均衡は常に存在するとはかぎらず，利得表によっては存在しなかったり，2つ存在することもあります。

●支配戦略

支配戦略とは，相手の戦略にかかわらず，常に最適となる戦略をいいます。これを，いままでつかってきた利得表で説明しましょう。

まず，Aに支配戦略があるかどうかを図表10-4で検討しましょう。BがB1のとき，AはA1だと利得は5，A2だと利得は6なので，A2が最適です。BがB2のときにも，AはA1だと利得は1，A2だと利得は3なのでA2が最適です。つまり，BがB1であろうがB2であろうが，Aは常にA2のほうが最適なので，A2が支配戦略となります。

つぎに，Bに支配戦略があるかどうかを図表10-5で検討しましょう。

AがA1のとき、BはB1だと5、B2だと6なので、B2が最適です。AがA2のときにも、BはB1だと1、B2だと3なのでB2が最適です。つまり、Bも、AがA1であろうがA2であろうが、常にB2が最適なので、B2が支配戦略となります。

図表10-4 ● Aの支配戦略

	B1	B2
A1	(⑤, 5)	(①, 6)
A2	(⑥, 1)	(③, 3)

BがB1でもB2でも
A2の利得が大きい
↓
A2が支配戦略

図表10-5 ● Bの支配戦略

	B1	B2
A1	(5, ⑤)	(1, ⑥)
A2	(6, ①)	(3, ③)

AがA1でもA2でも
B2の利得が大きい
↓
B2が支配戦略

そして、(A2, B2)の組み合わせは、A、Bともに支配戦略となっているので最適な戦略でもあるため、戦略変更のインセンティブが働かず、ナッシュ均衡になっています。

● **囚人のジレンマ**

囚人のジレンマとは、2人のプレーヤーが支配戦略を採用した結果としての均衡が、各プレーヤーの利得の合計を最大にしない状態であることをいいます。これをいままでの利得表をつかって、図表10-6で説明

図表10-6 ● 囚人のジレンマのケース

望ましい
AとBの利得の合計が最大
Bの支配戦略

	B1	B2
A1	¹⁰(5, 5)	⁷(1, 6)
A2	⁷(6, 1)	⁶(3, 3)

Aの支配戦略 → A2
ナッシュ均衡

しましょう。

Aの支配戦略はA2，Bの支配戦略はB2なので，（A2，B2）でナッシュ均衡となります。ここで，AとBの利得の合計を計算すると，

　　　A1，B1のとき　5+5＝⑩←最大
　　　A1，B2のとき　1+6＝7
　　　A2，B1のとき　6+1＝7
　　　A2，B2のとき　3+3＝⑥←ナッシュ均衡

となります。A，Bにとっては，両者の利得の合計が大きいほど望ましいと考えられるので，（A1，B1）が最適となります。しかしながら，A，Bが自己の利得だけを考えて行動すると，（A2，B2）という両者の利得の合計が一番小さいところで均衡してしまっています。

したがって，この（A2，B2）のナッシュ均衡は，まさしく，2人のプレーヤーが支配戦略を採用した結果の均衡で，AとBの利得の合計が小さく望ましくない状態となってしまっているので，囚人のジレンマであるといえます。ちなみに，囚人のジレンマというネーミングは，このような状態を解説した最初の論文が，警察に捕まった囚人2人が自白するか黙秘するか，という例で説明したことに由来します。

演習問題 10-1

適切な言葉を入れて空欄を埋めなさい。

供給者が少数である市場を ① 市場といい，① 市場は，供給者の行動が互いに影響を及ぼし合うという特徴がある。この特徴は，② 性とよばれ，この特徴を分析する方法としてゲーム理論がある。ゲーム理論において，すべてのプレーヤーが最適な戦略を選択している状態を ③ という。また，すべてのプレーヤーの利得の合計が最大となる状態が ③ とならないゲームの代表的なものに ④ がある。④ では，すべてのプレーヤーが ⑤ 戦略を採用した状態が ③ となる。

解答
①寡占　②戦略的相互依存　③ナッシュ均衡　④囚人のジレンマ　⑤支配

演習問題 10-2

プレーヤーはXとYであり，Xには戦略AとB，Yには戦略CとDがあり，利得表は以下のとおりであるゲームを考える。

		Y	
		C	D
X	A	(5, 5)	(2, 4)
	B	(4, 2)	(3, 3)

（1）X，Yの支配戦略があるか検討しなさい。
（2）このゲームにナッシュ均衡があるか検討しなさい。

ヒント！

（1）ライバルの戦略にかかわらず，常に最適となる戦略があればそれが支配戦略です。
（2）ナッシュ均衡は，XがAを採用したときとBを採用したときにわけて検討します。

解答

（1）支配戦略とは，相手の戦略にかかわらず，常に最適となる戦略をいう。

　まず，図1をつかってXについて考える。YがCのとき，XがAを採用すると利得は5で，Bを採用したときの利得4よりも大きいのでAが最適となる。一方，YがDのときには，XはAを採用すると利得は2で，Bを採用すると利得が3なのでBが最適となる。したがって，Xの最適な戦略はYの戦略によって異なるので，Xに支配戦略はない。

　つぎに，図2をつかってYについて考える。XがAのとき，YはCだと利得が5で，Dのときの利得4より大きいのでCが最適となる。一方，XがBのとき，YはCだと利得が2でDだと利得が3なので，Dが最適となる。したがって，Yの最適な戦略はXの戦略によって異なるので，Yにも支配戦略はない。

図1 ● Xの支配戦略

		Y	
		C	D
X	A	(⑤, 5)	(2, 4)
	B	(4, 2)	(③, 3)

Xは支配戦略なし

図2 ● Yの支配戦略

		Y	
		C	D
X	A	(5, ⑤) > (2, 4)
	B	(4, 2) < (3, ③)

Yも支配戦略なし

(2) ナッシュ均衡とは，すべてのプレーヤー（XとY）が相手の戦略にたいして最適な戦略を選択している状態をいう。図3をもちいてナッシュ均衡を求める。

XがAを選択したとき，YがCを選択すると利得5となり，Dのときの利得4より大きいのでCを選択する（①）。YがCのとき，XはAだと5，Bだと4の利得なのでAを選択し，Aのまま戦略変更しない（②）。つまり，XがAのときYはCが最適であり，YがCのときXもAで最適となっており，X，Yともに相手の戦略にたいして最適な戦略を採用している。したがって（A，C）という戦略の組み合わせはナッシュ均衡である。

つぎに，XがBを選択したときを考える。このとき，YはCだと2，Dだと3の利得なのでDを選択する（③）。YがDのとき，XはAだと2，Bだと3の利得なのでBを選択し，Bのまま戦略変更しない（④）。つまり，XがBのときYはDが最適であり，YがDのときXはBが最適であるので，（B，D）という戦略の組み合わせもナッシュ均衡である。

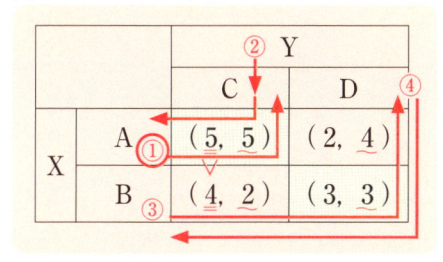

以上より，（A，C）と（B，D）という2つの戦略の組み合わせがナッシュ均衡となる。

以上

図3 ● ナッシュ均衡

		Y	
		C	D
X	A	(5, 5) ①	(2, 4)
	B	(4, 2) ③	(3, 3)

講義 LECTURE 11 余剰分析

　前回までの講義では，家計はどのように消費をおこなうか，企業はどのように生産行動をおこなうかなど，現実の経済がどのようにうごいているかを解明してきました。このように，現実経済がどうなっているかを分析する経済学を**実証経済学**といいます。これにたいして今回は，「どのような経済が望ましいのか」を考えていきます。このように，望ましさを考える経済学を**規範経済学**といいます。

規則の「規」に模範の「範」なので，「～すべき」という望ましさを考えるのです。

　今回は，まず「経済の望ましさ」には効率性と公平性という2つの基準（尺度）があり，ミクロ経済学では効率性を中心に検討する，ということを説明します。そして，効率性を測定する方法として頻繁につかわれる余剰分析を説明し，その余剰分析をつかって，完全競争市場，独占市場，税金をかけたときの効率性について検討します。

●望ましさ〜効率性と公平性〜

　経済学では，望ましさの基準（尺度）として，効率性と公平性の2つがもちいられます。**効率性**とは，かぎられた資源で社会全体の効用（満足度）をどれだけ大きくできるかという基準で，**資源配分の問題**ともいわれます。**公平性**とは，生産された価値をいかに公平にわけるかという基準で，**所得分配の公平性（公正さ）**ともいわれます。

　この効率性と公平性のちがいをはっきりと理解することが重要ですので，図表11-1をつかってくわしく説明することにしましょう。

　いま，小麦粉，卵，キャベツ，豚肉をつかって，イチロー，ジロー，サブローの3人がお好み焼きをつくるとしましょう。このとき，小麦粉，卵，キャベツ，豚肉が生産に必要なものなので資源（生産要素），お好

図表 11-1 ●効率性と公平性

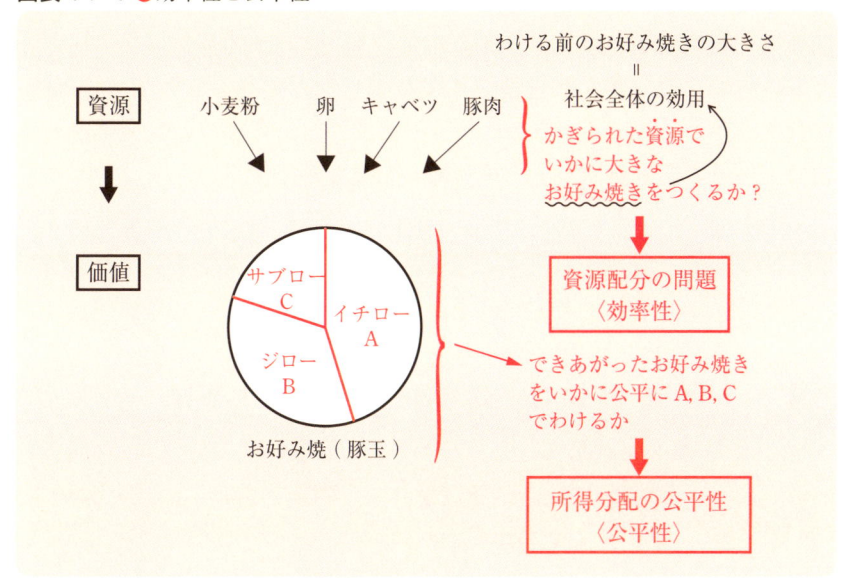

わける前のお好み焼きの大きさ
＝
社会全体の効用

資源 → 小麦粉　卵　キャベツ　豚肉

かぎられた資源で
いかに大きな
お好み焼きをつくるか？

価値

お好み焼（豚玉）
（サブロー C、イチロー A、ジロー B）

資源配分の問題
〈効率性〉

できあがったお好み焼き
をいかに公平に A, B, C
でわけるか

所得分配の公平性
〈公平性〉

み焼きが生産によってできあがった価値です。

　図表 11-1 において，かぎられた資源をつかって，いかに大きなお好み焼きをつくるかというのが資源配分の問題，つまり，効率性の問題です。これにたいし，できあがったお好み焼きを，イチロー，ジロー，サブローの 3 人でどうわけるのかというのが所得分配の公平性の問題です。

資源配分，所得分配の配分と分配はまちがえやすいので気をつけて！

　効率性については，かぎられた資源でより大きなお好み焼きができれば効率が良い，と客観的に判断することができます。

　ところが，公平性についてはそうはいきません。たとえば，図表 11-1 では，イチロー，ジロー，サブローが食べるお好み焼きの大きさがおなじではありません。だから，「不公平だ！」と思う人が多いかもしれませんが，それは，3 等分することが公平だと考えているからです。ところが，サブローはまだ 4 才の幼稚園児で，イチローは身長 190cm の大柄な高校生だったらどうでしょう。その場合，高校生のほうがよく食べるので，多くても公平だと考える人もいるでしょう。その人は，必要に応じてわけることが公平だと考えているのでしょう。また，別のケ

ースとして，イチローがお好み焼きをつくるのに一番貢献し，サブローはあまり手伝わなかったとしましょう。すると，イチローはサブローよりも貢献したので多くわけるべきだと思う人もいるでしょう。これは，貢献度に応じてわけるべきだという考えです。このように，公平性とは人によって考え方が異なる，価値観の問題なのです。

したがって，ミクロ経済学では，人によって評価がかわってしまう公平性についてはあまり考えず，誰であっても客観的に望ましさを判断できる，効率性を中心に考えていくのです。

望ましさ（効率性・公平性）とは

望ましさ
- → 効率性：かぎられた資源でいかに社会の効用を大きくするか ＜資源配分の問題＞ ⇒ 客観的に判断できる ⇒ ミクロ経済学で分析
- → 公平性：できあがった価値をいかに公平にわけるか ＜所得分配の問題＞ ⇒ 価値観により異なる（主観的） ⇒ ミクロ経済学ではあまり扱わない

● パレート最適

パレートという経済学者は，「他の経済主体の効用を低下させることなく，誰かの効用を増やすことができない状態」は効率的だとしました。まわりくどい言い方ですが，ようするに「他人から奪ってこなければ自分の取り分は増えない」ということです。このような効率性の定義を，**パレート最適**とか**パレート効率性**といいます。パレート最適については無差別曲線をつかって説明することが多いのですが，ここでは，言葉の意味の直感的な理解に絞って説明しましょう。

ここで図表 11-1 に戻ってみましょう。サブローは取り分が少ないので，何とか自分の取り分を増やそうと考えているとします。その方法としては，他の経済主体（イチロー，ジロー）から譲ってもらう（方法①）

か，自分で工夫してお好み焼き全体を大きくして，大きくなった分を自分のものとする（方法②）の，どちらかです。パレート最適な状態とは，お好み焼き全体を大きくする方法②ができず，自分の取り分を増やすためには，他の経済主体から譲ってもらうしかないので，他の経済主体の効用が必ず低下してしまうということです。

ですから，パレート最適とは，お好み焼き全体を大きくすること（方法②）ができない状態，つまり，お好み焼きは最大となっているということになります。かぎられた資源をもちいて最大となるようにつくるということはもっとも効率的であり，**最適な資源配分**とよばれることもあります。

なお，パレート最適はあくまでも効率性について説明しているのであって，公平性，つまり，最大となったお好み焼きをイチロー，ジロー，サブローでどのように分けたらよいか，ということに関しては，何も言及していないことに注意しましょう。

パレート最適

他の経済主体の効用を低下させることなくして
誰かの効用を増やすことができない状態
↓
社会全体の効用を増やすという方法がとれない
↓
すでに社会全体の効用が最大となっている
↓
もっとも効率的，最適資源配分

●余剰分析

ミクロ経済学では，効率性（資源配分）について分析するのですが，その具体的な手法としてつかわれるのが**余剰（よじょう）分析**です。余剰分析という方法をもちいて，ある経済状態が効率性の観点から望ましいかどうかを分析するので，余剰分析はきわめて重要なものです。

余剰とは，市場取引から得る利益のことをいいます。供給者が市場取

引から得る利益を**生産者余剰**，需要者が市場取引から得る利益を**消費者**

> 余剰のときは供給者・需要者ではなく，生産者・消費者をつかうのが習慣です。

余剰といいます。また，政府が市場に介入し，税金を得たり補助金を支出したりした収支を**政府余剰**といいます。そして，社会全体での余剰の合計，つまり，市場取引によって得られる社会全体の利益（効用）を**（社会的）総余剰**といい，この総余剰が最大となっていれば，社会全体の利益（効用）が最大となっているので，もっとも効率的（最適資源配分，パレート最適）であると評価するのです。

余剰とは

余剰：市場取引によって得る利益
　└ 消費者余剰・生産者余剰・政府余剰…

　　総余剰：市場取引による社会全体の利益（効用）
　　　└→ が最大 ⇒ もっとも効率的（最適資源配分，パレート最適）

● 完全競争市場の余剰分析

それでは，図表11-2の完全競争市場の望ましさ（効率性）について，余剰分析をつかって考えてみましょう。

図表11-2では，需要曲線（D）と供給曲線（S）の交点Eが均衡となり，価格は60円，取引量は5億個となっています。まず，このときの消費者余剰，生産者余剰をそれぞれ求め，つぎに両者を合計して総余剰を求めましょう。

需要曲線より，1億個目を買う人は100円（Aの高さ）まで払ってもよいと考えています。しかし，価格は60円ですから，100円と60円の

> だからこそ100円のとき需要量は1億個なのです。

差40円だけ市場取引で利益（消費者余剰）を得ます。同様に，2億個目を需要する人は点Bの90円までは支払ってもよいと思っているのですが，60円で需要（購入）できるので，その差の30円だけ市場取引により利益（消費者余剰）を得ることができます。このように，需要曲

図表11-2 ●完全競争市場の余剰分析

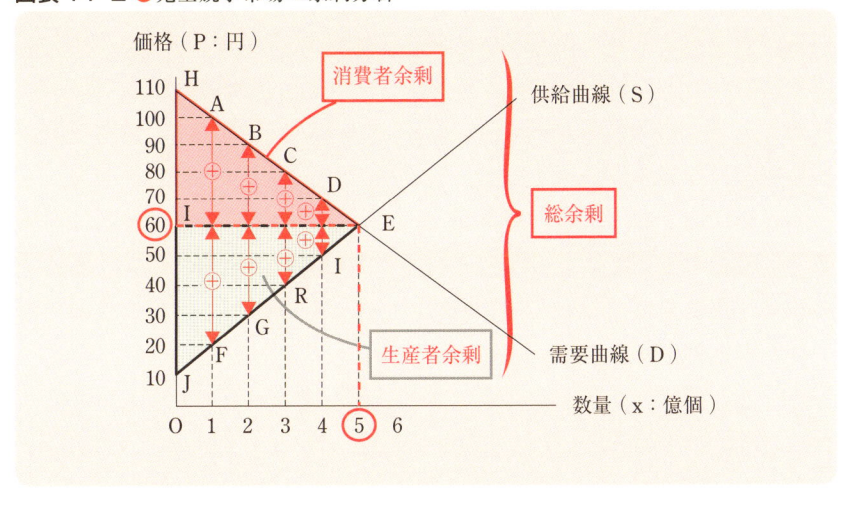

線の高さは需要者が最大限支払ってもよいと思っている価格なのですが、**留保価格**といいます。価格60円と需要曲線より低い価格で買うことができるので、その差の分だけ市場取引により利益を得ます。これが消費者余剰であり、△EHIが（社会全体での）消費者余剰となります。

つぎに、生産者余剰について考えます。市場の供給曲線（S）は、限界費用曲線の一部である企業の供給曲線を横に足し合わせたものなので、その高さは限界費用を意味します。

この部分が「??」な人はP68〜69の「供給曲線」を復習してください。

ただ、そのように、正確に考えなくても、つぎのように直感的に考えることもできます。たとえば、1億個の供給曲線の高さは点Fで20円ですが、これは1億個目を1個生産するために、追加で20円費用がかかった（限界費用が20円）ので、最低でも20円の価格でなければ供給しないということです。同様に、3億個であれば限界費用がRより40円なので、最低でも40円の価格でなければ供給しないということを意味します。このように、供給曲線の高さは限界費用を意味し、供給する最低価格となります。これにたいして価格は60円と供給曲線より高く、たとえば、1億個目であればFより限界費用は20円しかかかっていま

せんが，60円の価格で売れるので，その差の40円だけ市場取引で利益（生産者余剰）を得，2億個目であれば価格60円と供給曲線の高さ30円の差の30円だけ利益を得ます。このように，供給曲線の高さ（限界費用）よりも市場価格が高い分，社会全体では△EIJだけ生産者余剰があることになります。

そして，いまは政府の登場を想定していないので，市場参加者は需要者と供給者のみとなり，需要者の利益である消費者余剰△EHIと供給者の利益である生産者余剰△EIJを合計した，△EHJが，社会全体の利益である総余剰となります。

この総余剰は，消費者余剰や生産者余剰を求めて合計するという方法のほかに，つぎのようにして直接求めることもできます。

図表11-3において，需要曲線（D）は需要者が最大限支払ってもよいという価格でした。たとえば，1億個目を需要する人は最大で100円まで支払ってもよいと思っているのです。ではなぜ，最大で100円まで支払ってもよいと思っているかといえば，それは100円の価値があると思っているからです。同様に，2億個目を買う人が90円まで支払ってもよいと考えているのは，商品に90円の価値があると思っているからです。このように，需要曲線の高さは，最大限支払ってもよいと考える価格（留保価格）を意味すると同時に，商品の価値をもあらわしているのです。この商品の価値を限界評価ということもあります。

一方，供給曲線の高さは限界費用をあらわしているので，1億個目は需要曲線（点A）より100円の価値があるのですが，供給曲線（点F）より，20円しか総費用が増加していないので，社会全体ではその差100

限界費用が20円。

−20＝80円の利益（総余剰）を得たことになります。同様に，2億個目は90円の価値のある商品を限界費用30円かけてつくるので，その差90−30＝60円が社会全体の利益（総余剰）となり，3億個目をつくると80円の価値がある商品を限界費用40円かけてつくるので，その差80−40＝40円が社会全体の利益（総余剰）となります。このように，商品の価値をあらわす需要曲線の高さと限界費用をあらわす供給曲線の高さ

図表 11-3 ● 総余剰を直接求める

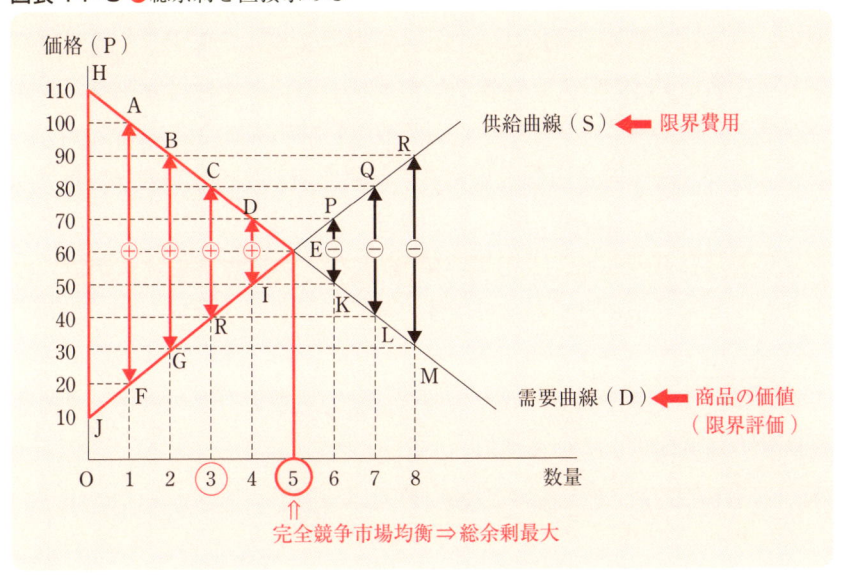

の差が、社会全体の利益（総余剰）となります。

ですから、生産量を3億個とすると、総余剰はHJRCとなりますが、5億個まで生産すれば総余剰は△HJEとなります。5億個を超えて生産すると、こんどは供給曲線のほうが需要曲線より高くなっています。たとえば6億個目は、需要曲線（点K）より50円の価値ですが、供給曲線（点P）より70円も限界費用がかかっています。つまり、50円の価値しかないものを70円も総費用を増加させてつくるのですから、50−70＝−20円と社会的利益（総余剰）はマイナスとなってしまいます。同様に、7億個目は需要曲線（点L）より商品の価値は40円ですが、供給曲線（点Q）より限界費用は80円なので、40−80円＝−40円が総余剰となります。このように、供給曲線が需要曲線より上方にある場合、その線の差の分だけ総余剰はマイナスとなります。

ですから、8億個生産すると、5億個までは総余剰がプラスで△HJEですが、5億個を超えると総余剰はマイナスなので、5億個目から8億個目までの△EMRはマイナスです。その結果、8億個生産したときの総余剰は△HJE−△EMRとなります。

以上より，需要曲線（D）と供給曲線（S）において，交点Eの5億個のときに総余剰が△HJEとなり，3億個のように5億個より生産量が少なくても，8億個のように生産量が多くても，総余剰は減少してしまいます。したがって，5億個のときに総余剰が最大となります。
　ところで，完全競争市場の均衡は，需要曲線と供給曲線の交点Eで5億個となるので，総余剰が最大となります。つまり，完全競争市場であれば，市場に任せておけば市場均衡Eとなり，自然に総余剰が最大となりもっとも効率が良くなるのです。
　〔最適資源配分といいます。〕
　この「完全競争市場であれば最適資源配分となる」ということを**厚生経済学の基本定理**といいます。
　〔厚生（＝幸せの度合）について考える経済学の一分野です。〕

> **厚生経済学の基本定理**
>
> 完全競争市場⇒需要曲線（D）と供給曲線（S）の交点で均衡
> ⇩
> 総余剰最大＝最適資源配分＝もっとも効率的＝パレート最適
> 「完全競争市場であれば，最適資源配分が実現する」

　「市場に任せておけば経済は効率的になる」という主張の理論的根拠となるのが，この厚生経済学の基本定理です。この定理は，完全競争市場であれば効率的であると主張しているので，裏をかえせば，完全競争市場ではない場合には，効率的になるとはかぎらないということになります。そこでつぎに，完全競争市場ではない例として，独占市場の効率性について余剰分析によって考えましょう。

●独占市場の効率性

　図表11-4は，図表9-4の独占企業の生産グラフに余剰を描き加えたものです。まず，講義09の独占の生産行動の復習を簡単におこなってから，余剰分析の話に入りましょう。

図表 11-4 ●独占市場の余剰

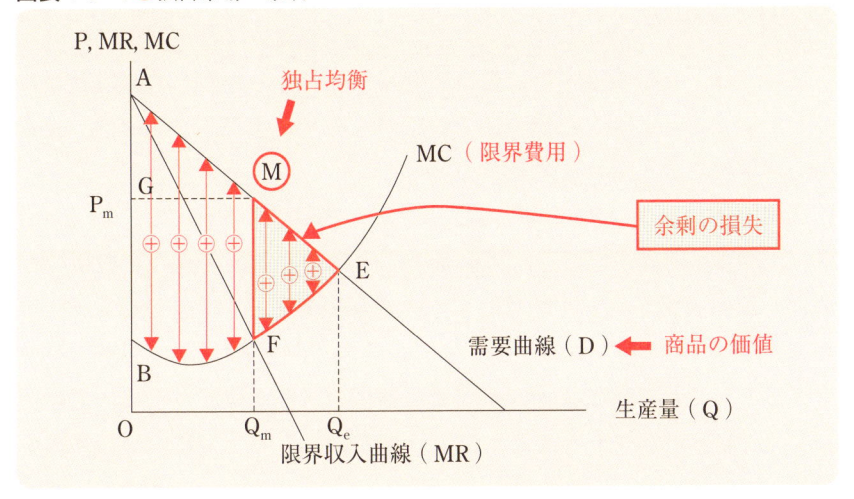

独占企業にとっては，右下がりの市場需要曲線（D）が，直面する需要曲線となります。直面する需要曲線が右下がりなので，生産量を増やすと価格が下がってしまい，限界収入曲線（MR）は需要曲線（D）の下方に位置します。そして，独占企業は利潤最大となるようにMR＝MCとなる点Fの生産量Q_mに決定し，価格は需要曲線にそって点MのP_mに決定します。

つぎに，余剰分析をおこないましょう。需要曲線の高さは商品の価値なので，総余剰は需要曲線の高さ（商品の価値）と限界費用の差でした。この総余剰は，点EのQ_eの生産量のときABEと最大となり，最適資源配分が実現します。しかし，独占企業の生産量はMR＝MCと利潤最大となる生産量Q_mに決定する結果，総余剰はABFMとなり，最大の場合に比べてEMFだけ小さくなっています。

総余剰の減少分は**余剰の損失**，**死荷重損失**，死荷重損失の英訳の**デッドウェイトロス**（**Dead Weight Loss**）などといわれます。

つまり，非効率が発生しているのです。

ちなみに，独占市場の消費者余剰は需要曲線と価格との差（に囲まれた）△AGM，生産者余剰は，価格と限界費用曲線との差（に囲まれた）BFMGとなります。

●課税の効果

　こんどは、完全競争市場に政府が登場し、課税したときの経済効果について考えましょう。課税方法はいくつもありますが、ここでは、代表的な従量税を取り上げます。

　従量税とは、生産量1単位あたり定額を課税する方法です。生産量1単位につきt円課税すると、生産量を1単位増やしたときの総費用の増加分（限界費用）がt円分増加するので、限界費用曲線（MC）が図表11-5のように上方へシフトします。企業の限界費用曲線が上方へシフトすると、企業の供給曲線は限界費用曲線の一部なので、企業の供給曲線もt円分上方シフトすることになります。すると、企業の供給曲線を横に足し合わせた市場供給曲線（S）もt円分だけ上にシフトします（図表11-6）。

図表11-5 ●従量税による限界費用曲線のシフト

図表11-6 ●従量税による市場供給曲線のシフト

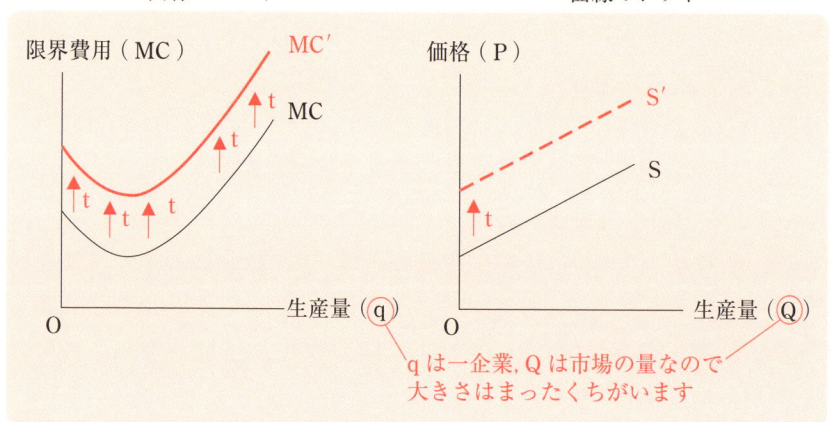

qは一企業、Qは市場の量なので大きさはまったくちがいます

課税による供給曲線の上シフト

| 従量税をt円課税 | ⇒ | 限界費用曲線（MC）がt円分上シフト | ⇒ | 企業の供給曲線（S）がt円分上シフト | ⇒ | 市場供給曲線（S）がt円分上シフト |

t円の従量税によって供給曲線が上方シフトすると，市場均衡は図表11-7のEからE′となります。その結果，価格はP_eからP_e′へと上昇し，

> P_e′は従量税tを含むので**税込み価格**，
> P_e′からtを引いた価格（P_f）を**税抜き価格**といいます。

取引量はQ_eからQ_e′へと減少します。それでは，課税前と課税後にわけて余剰分析をおこなうことにしましょう。

課税前：図表11-7の点E

消費者余剰は需要曲線と価格（P_e）に囲まれた△AGE，生産者余剰は価格と供給曲線に囲まれた△BEGとなり，政府は登場していないので政府余剰はありません。総余剰は消費者余剰△AGEと生産者余剰△BEGを足した△ABEとなります。

課税後：図表11-8の点E′

消費者余剰は需要曲線と価格（$P_e′$）に囲まれた△AG′E′，生産者余剰

図表11-7 ●課税前の余剰　　**図表11-8 ●課税後の余剰**

消費者余剰	△AGE	→	△AG′E′ ▼
生産者余剰	△BEG	→	△B′E′G′ ▼
+）政府余剰	0	→	BFE′B′ ▲
総余剰	△ABE	→	ABFE′ ▼

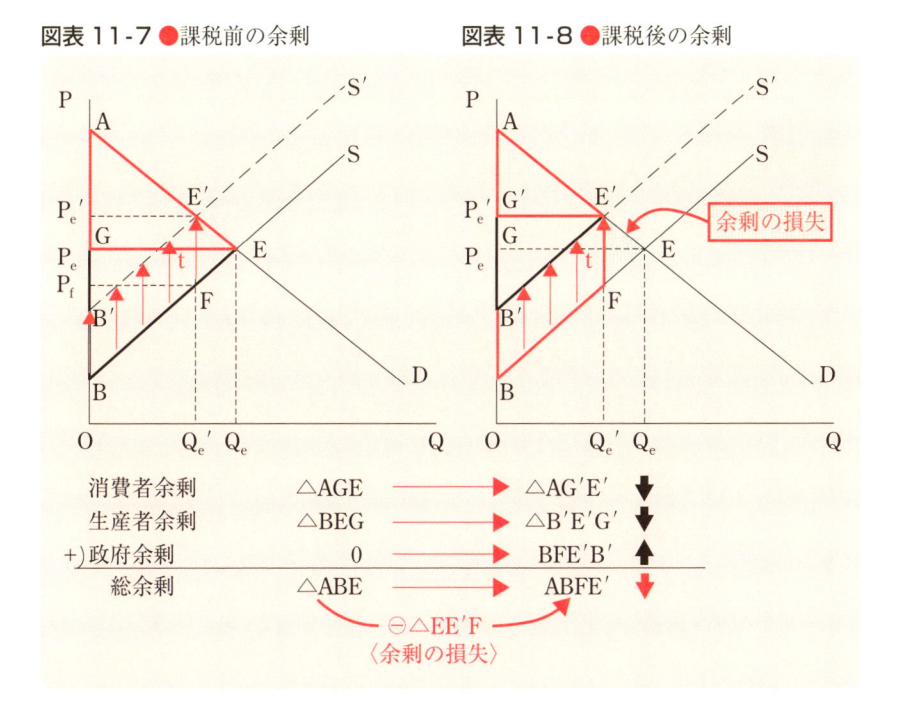

⊖△EE′F
〈余剰の損失〉

は価格（P_e'）と供給曲線に囲まれた△B′E′G′となります。さらに，政府が従量税分だけ収入を得るので，政府余剰はプラスです。税金は生産量Q_e'までt円，つまり，SとS′の差だけ課すので合計でBFE′B′となります。総余剰は消費者余剰（△AG′E′），生産者余剰（△B′E′G′），政府余剰（BFE′B′）を合計したABFE′となります。

課税による総余剰の変化

総余剰は，課税前の△ABEから課税後のABFE′へと，△EE′Fだけ減少しています。この減少分が余剰の損失ですが，課税による総余剰の減少は，とくに**課税の超過負担**ともいわれます。わたしたちが税金の負担という場合，支払った税額をさしますが，社会全体でみれば，支払った税額は政府の収入となっているので損失ではありません。社会全体，つまり，総余剰という点では，課税により生産量が減少することによって，余剰の損失が発生してしまうことが問題なのです。ですから，通常，わたしたちが税金の負担と考えている，支払った税額以外に存在する負担，だということで，課税の超過負担というのです。

演習問題 11-1

適切な言葉を入れ空欄を埋めなさい。

経済学には，現実経済のメカニズムを解明する ① 経済学と，望ましい経済を考える ② 経済学がある。経済学の望ましさの基準には，③ 性（④ 分配の問題）と ⑤ 性（⑥ 配分の問題）の2つがある。③ 性は主観的であり，あまりミクロ経済学では扱わず，⑤ 性を中心に分析する。⑤ 性を分析する方法として，⑦ 分析がある。⑦ とは市場取引によって得る利益をいい，需要者の利益を ⑧，供給者の利益を ⑨，政府の利益を ⑩ といい，社会全体の利益を ⑪ という。そして，この ⑪ が最大であるときが社会的にもっとも望ましく効率的であると考える。

完全競争市場均衡は ⑪ が最大であり，⑫ 配分が実現する。このことを ⑬ 定理という。独占のときには ⑭ が発生し，⑫ 配分は実現しない。また，t円の従量税を課したときには，⑮ 曲線がt円分 ⑯ 方シフトする結果，均衡取引量が ⑰ し，⑭ が発生するので ⑫ 配分は実現しない。

> **ヒント！** 資源配分と所得分配は間違えやすいので気をつけよう！

解答
①実証　②規範　③公平　④所得　⑤効率　⑥資源　⑦余剰　⑧消費者余剰　⑨生産者余剰　⑩政府余剰　⑪総余剰　⑫最適資源　⑬厚生経済学の基本　⑭余剰の損失（死荷重損失，デッドウェイトロス）　⑮供給　⑯上　⑰減少

演習問題 11-2
独占市場は社会的に望ましくないといわれる。そのことをグラフをもちいて説明しなさい。

> **ヒント！**「社会的な望ましさ＝総余剰の大きさ」と考えて余剰分析をおこないます。

解答
1. 独占市場を供給独占と限定し，また，社会的な望ましさも効率性（資源配分）に限定して説明する。そして，社会的な望ましさをあらわすものとして，総余剰（市場取引によって得る社会全体の利益）をもちいる余剰分析を活用する。
2. まず，独占企業の生産行動を図1をもちいて説明する。
   （1）市場需要曲線がDであったとする。すると，独占の場合，企業の直面する需要曲線は市場需要曲線（D）となり，企業が生産量を増やすと価格が下がる。その結果，限界収入曲線（MR）は需

要曲線（D）の下方に位置する。

(2) 独占企業は MR＝MC で利潤最大となる点 F の生産量 Q_m に決定し、価格は需要曲線にそって点 M の P_m と設定する。

3. そのとき、消費者余剰は△AGM、生産者余剰は BFMG、総余剰は ABFM となる。

4. しかし、総余剰が最大となるのは生産量 Q_e のときで、そのときの総余剰は△ABE である。△ABE に比べ独占の場合、△EMF だけ総余剰が減少している（余剰の損失）。したがって、最適資源配分は実現しておらず、「社会的に望ましくない」ということができる。

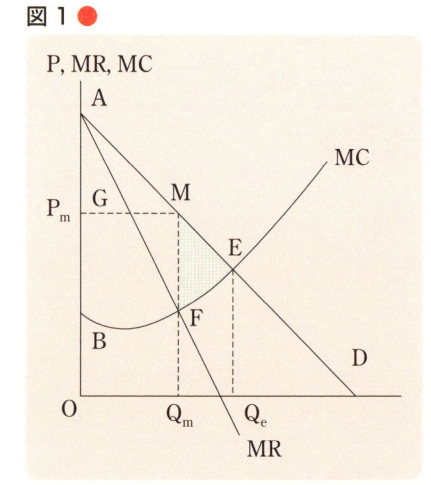

　　　　　　　　　　以上

図1

講義 12 外部効果

　外部効果とは，取引当事者（需要者と供給者）以外の第三者に影響を及ぼすことをいい，悪い影響を及ぼすことを外部不経済，良い影響を及ぼすことを外部経済といいます。そして，外部効果が発生しているときには，完全競争市場であっても最適資源配分とはならず，「完全競争市場であれば最適資源配分が成立する」という厚生経済学の基本定理の例外となります。良い影響を与えている外部経済のときにも最適資源配分とはならない，という点に注意しましょう。

　この外部効果の例としては公害が有名ですが，地球温暖化問題も外部効果（外部不経済）の１つと考えられており，注目されている論点です。

●外部不経済・外部経済とは

　すでにお話したように，**外部不経済**とは，「取引当事者（需要者と供給者）以外の第三者に悪影響を与えること」をいいます。たとえば，ある工場が化学製品を生産し，他の企業へ供給していたとします。そして，その工場が公害を引きおこし，周囲の地域住民に被害を与えていたとします。この場合，地域住民は工場の生産する化学製品の需要者でも供給者でもないので，第三者であり，この第三者に公害という悪影響を与えているので外部不経済といえます。

　いま話題となっている地球温暖化問題も，外部不経済と考えることができます。地球温暖化の原因となる二酸化炭素やメタンなどの温室効果ガスの排出量が多い国はアメリカ，中国，ロシア，インド，日本などです。これらの国の経済活動によって，温室効果ガスが排出され，地球が温暖化する，と考えられています。温暖化によって，もっとも大きな影響を受ける国は，温暖化による氷の溶解により海面の水位が上昇し水没

してしまう，太平洋上の小さな島国だといわれています。これらの国は，温室効果ガスを排出する経済活動とは関係ない第三者なので，第三者に悪影響を与えるという外部不経済と考えることができるのです。

　これとは反対に，取引当事者以外の第三者に良い影響を与えているのが，**外部経済**です。たとえば，オランダには，非常にうつくしいチューリップ畑が広々と続いている場所があります。そして，そこは観光地としても人気があります。しかし，このチューリップ畑の多くは観光客のためにチューリップを植えているわけではなく，チューリップを供給して収入を得るために植えているのです。その意味では，観光客はチューリップの取引当事者ではない第三者といえます。その第三者に，すばらしい花畑の風景という良い影響を及ぼすのですから，このチューリップ畑のケースは，第三者に良い影響を与えるという外部経済と考えることができます。

外部不経済と外部経済

外部不経済：取引当事者以外の第三者に悪影響　　例：公害，地球温暖化

外部経済　：取引当事者以外の第三者に良い影響　　例：花畑

●私的限界費用と社会的限界費用

①外部不経済のケース

　外部不経済が発生した場合，生産量を1単位増やしたときに企業の負担する総費用の増加分（**私的限界費用**）と，社会全体で負担する費用の

（Private Marginal CostよりPMC，あるいはMPCと略されます。）

増加分（**社会的限界費用**）がちがってきます。

（Social Marginal CostよりSMC，あるいはMSCと略されます。）

　たとえば，ある企業が生産量1個あたり10円の損害を，地域住民に与えていたとしましょう。このように，「生産量1単位あたりの第三者

に与える悪影響」を**限界外部費用**といいます。いま，生産量を1単位増やしたときの企業の総費用の増加分，つまり，私的限界費用が100円だったとしましょう。社会全体の限界費用である社会的限界費用は，この100円に地域住民がこうむる損害10円も含むので，合計110円となります。つまり，社会的限界費用（SMC）は私的限界費用（PMC）に限界外部費用を足したものとなるのです。

②外部経済のケース

外部経済のときにも，外部不経済のときと同様に，私的限界費用（PMC）と社会的限界費用（SMC）のズレが発生します。たとえば，チューリップを1本追加で生産したときの，農家の総費用の増加分（私的限界費用）が100円だったとしましょう。そして，1本あたり10円分の便益を観光客に与えているとしましょう。このように，生産量1単位（ここでは1本）あたりの第三者に与える便益を，**限界外部便益**といいます。このとき，社会全体で考えると，チューリップ1本生産量を増やすために農家は100円費用が増加しますが，観光客は10円分の便益を得るので，社会的限界費用の計算では，便益の分だけ私的限界費用から差し引いて，100−10＝90円と計算することができます。

社会的限界費用

外部不経済：限界外部費用がa円のとき

　　社会的限界費用＝私的限界費用＋限界外部費用
　　　（SMC）　　　（PMC）　　　　　a

外部経済：限界外部便益がb円のとき

　　社会的限界費用＝私的限界費用−限界外部便益
　　　（SMC）　　　（PMC）　　　　　b

●外部不経済と効率性

それでは，外部不経済が発生しているときの，完全競争市場均衡とその効率性について，余剰分析によって検討します。

図表12-1のように，市場需要曲線がD，各企業の私的限界費用曲線を横に足し合わせた私的限界費用曲線が，PMCであったとします。そして，生産量1単位あたりの外部不経済（限界外部費用）がa円であったとします。すると，社会全体で負担する限界費用（SMC）は，PMCよりもa円大きいので，PMCをaだけ上方へシフトさせたSMCとなります。

ここで，各企業は自己の利潤最大化を目的としているので，限界費用は自分の負担する限界費用（PMC）だけを考え，限界外部費用は考慮しません。したがって，PMCが供給曲線（S）となり，市場均衡は需要曲線（D）と供給曲線であるPMC（S）の交点Eとなり，取引量はQ_e，価格はP_eとなります。

つぎに社会全体の利益である総余剰を求めます。まず，総余剰を直接求める方法で考えてみましょう。商品の価値をあらわす需要曲線の高さと限界費用の差が，総余剰です。ここでは社会全体の利益である総余剰を求めているので，限界費用は，社会全体の限界費用である社会的限界費用（SMC）です。生産量Q_fまでは，商品の価値（需要曲線の高さ）が社会的限界費用（SMC）より大きいので，総余剰はプラスとなり，

図表12-1 ●外部不経済

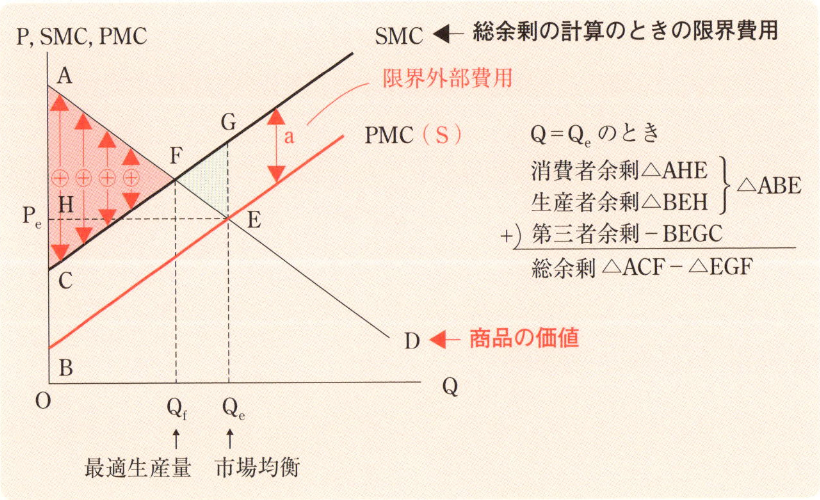

生産量 Q_f で総余剰は△ACFと最大になります。しかし、生産量が Q_f を超えると、社会的限界費用（SMC）が商品の価値を上回るので、総余剰はマイナスとなります。したがって、Q_f から Q_e までは、総余剰は$-$△EGFとなってしまいます。

その結果、市場均衡の生産量 Q_e のときの総余剰は、△ACF$-$△EGFとなり、総余剰が△ACFで最大となる生産量 Q_f に比べて、△ECFだけ総余剰が少なく、余剰の損失が生じてしまっています。つまり、市場均衡生産量 Q_e は、最適生産量 Q_f よりも生産量が多く、**過剰生産**となっています。

「総余剰が最大となっている＝最適資源配分＝パレート最適」という意味です。

これは、企業は自分の負担する私的限界費用（PMC）だけを考えて、利潤最大となる生産量を決めており、第三者が負担する限界外部費用（外部不経済）を考慮していないからです。しかし、社会全体という視点でみたときには、限界外部費用（外部不経済）も費用として考慮すべきだったのです。

外部不経済が発生している市場のように、市場に任せていても最適資源配分が実現しないことを、**市場の失敗**といいます。

市場の失敗

外部不経済が発生 ⇒ 企業は外部不経済を考えず私的限界費用（PMC）で行動 ⇒ 総余剰が最大となる最適生産量よりも過剰生産となる
　　　　　　　　　　　　　　　　　　　　　　　　　　　⇩
企業は自分の利潤最大化を目的に行動するという大前提　　　余剰の損失の発生
　　　　　　　　　　　　　　　　　　　　　　　　　　　＜市場の失敗＞

ちなみに、図表12-1の市場均衡時の各余剰はつぎのとおりです。消費者余剰は、需要曲線と価格（P_e）に囲まれた△AHE、生産者余剰は、価格とPMCに囲まれた△BEHです。しかし、生産量 Q_e までSMCと

生産者の利益を考える際の限界費用は企業の負担するPMCです。

講義12●外部効果

PMCの差（a）だけ限界外部費用を第三者が負担しており，その面積はBEGCです。社会全体の利益（総余剰）は，消費者余剰と生産者余剰の合計から外部不経済（限界外部費用の合計）を差し引くことによって求めることができ，△AHE＋△BEH－BEGC＝△ACF－△EGFとなります。

●ピグー税

外部不経済の市場の失敗にたいして，ピグーという経済学者は，従量税をかけることによって最適資源配分にできる，としました。これを**ピグー税**といいますが，図表12-1とおなじ図を描いた図表12-2をつかって説明しましょう。政府が，外部不経済を発生している生産者にたいして，<u>生産量1単位につき限界外部費用a円の税金をかけたとします</u>。

（生産量1単位あたりに一定額を課税するので従量税です。）

すると，企業の負担する限界費用は，従来のPMCから税金a円だけ上昇したPMC'になります。企業はあらたな私的限界費用（PMC'）を考えて行動するので，供給曲線もa円だけ上シフトしてS'になります。その結果，あらたな市場均衡はDとS'の交点のFとなり，生産量を最適生産量Q_fにすることができます。

ちなみに，生産量がQ_fのときの各余剰は，消費者余剰が需要曲線と

図表12-2 ●ピグー税

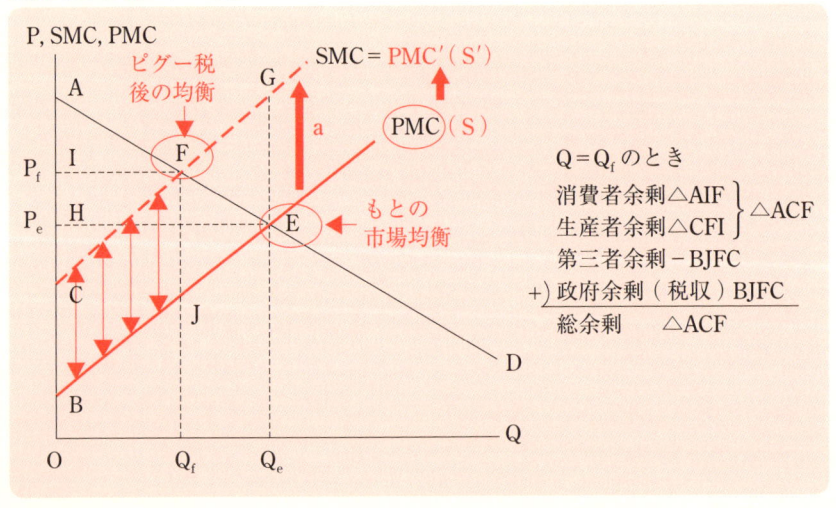

$Q=Q_f$のとき
消費者余剰△AIF ⎫
生産者余剰△CFI ⎬ △ACF
第三者余剰－BJFC
＋）政府余剰（税収）BJFC
総余剰　　　△ACF

価格P_fに囲まれた△AIF，生産者余剰が価格（P_f）とPMC′に囲まれた△CFI，第三者の余剰（外部不経済）がSMCとPMCの差－BJFC，政府余剰（税収）がBJFCです。

> **ピグー税**
>
> 外部不経済が発生しているときに，最適資源配分を実現するために限界外部費用分だけかける従量税

●コースの定理

ピグーは，外部不経済による市場の失敗にたいして，課税という政府の介入による最適資源配分の実現を主張したのにたいし，コースは，一定の条件のもとでは，政府の介入なしに自発的交渉によって最適資源配分が実現できる，と主張しました。これは**コースの定理**とよばれるもので，1991年にコースがノーベル賞を受賞後，とくに出題されるようになってきた論点です。

コースの定理を正確に定義すると，「外部不経済が発生しているときに，①一定の前提条件をみたせば，②権利を加害者，被害者のどちらがもっていたとしても，③自発的交渉により最適資源配分が実現できる」というものです。①〜③の論点についてくわしく説明していきましょう。

①一定の前提条件

コースの定理がいうように，自発的交渉によって効率的な解決が図られるためには，**権利関係が明確**であることと，**取引費用がゼロ**という前提条件が必要とされています。

もし，権利関係が明確でなければ，補償金をどちらが支払うのかが決まらず，交渉は合意にいたりません。また，権利関係が明確であり，どちらが補償金を支払うのかが決まっていても，その金額を決める交渉にばくだいな時間と費用がかかるようでは，効率的な解決はできなくなってしまいます。そこで，権利関係は明確であり，取引費用はゼロ，という2つの前提条件が必要なのです。

②**権利を加害者，被害者のどちらがもっていたとしても**

　財の生産者である工場が公害を引きおこし，地域住民が被害をうけている例を考えましょう。このとき，工場は加害者，地域住民が被害者です。多くの国では，公害を出した加害者である工場が，被害者である地域住民に補償する必要がある，と法律で規定しています。つまり，自然環境は地域住民のものであり，公害により自然環境を破壊し被害を与えた工場は，補償金を支払わなくてはならないのです。しかし，理論的には，自然環境は工場のものであり，それを破壊しても地域住民はいっさい文句をいえない，というケースも考えることができます。

　このようなケースは現実にはないでしょうから，頭の体操だと思ってください。

　このとき，地域住民が公害を発生させる生産を減らしてほしいと思ったときには，生産量減少による企業の損失を地域住民が補償する必要があります。つまり，こんどは，地域住民が生産量削減にたいして，工場へ補償金を支払うのです。

③**自発的交渉により最適資源配分を実現できる**

　権利が，被害者である地域住民にある場合と，加害者である工場にある場合にわけて説明します。

　権利が被害者（地域住民）にある場合

　この場合，工場は，権利者である地域住民から生産の許可を得なくてはならないとしましょう。さきほどの図表12-2のグラフをつかって説明します。いま，生産量1単位あたり地域住民にa円だけ悪影響を与え

　限界外部費用がa円ということです。

ているとすると，生産量1単位あたりa円支払わなければ，地域住民は許可を出してはくれないでしょう。1単位につきa円の補償金を支払えば，地域住民は限界外部費用（被害）がすべて補われるので，生産許可を出すでしょう。このように地域住民にたいして，1単位につきa円の補償金を支払うということは，企業にしてみれば，政府にa円のピグー税を支払うのとおなじこととなり，私的限界費用がPMCからPMC′へと上シフトします。

その結果，供給曲線もSからS′へと上シフトし，市場均衡はDとS′の交点Fになり，最適生産量Q_fが実現します。

権利が加害者（工場）にある場合

こんどは，工場には生産する権利があるので，地域住民が補償金を支払って，生産削減をおねがいすることとなります。地域住民は生産1単位につきa円の被害（限界外部費用）をこうむっているので，a円まで補償金を支払うでしょう。

生産量を1単位減らしたらa円の補償金がもらえるということは，逆にいえば，1単位生産することによって，補償金a円がもらえないことになってしまいます。経済学での費用とは機会費用ですから，支払った金額だけではなく，あることを行うことで得られなくなった利益も含みます。ですから，補償金a円が得られなくなるということは，a円は機会費用として費用の増加となり，私的限界費用がa円増加するのです。

その結果，図表12-2において，PMCはPMC′へとa円上シフトし，ピグー税とおなじような効果がでて，最適生産量Q_fを実現できるのです。

コースの定理

外部不経済がある場合に，①権利関係が明確，②取引費用がゼロ，という前提のもとでは，権利が加害者，被害者，いずれの側にあったとしても，自発的交渉によって，最適資源配分が実現する。

●外部経済の非効率

さいごに，外部経済のケースについて図表12-3，12-4をつかって考えましょう。多数の農家がチューリップを生産しており，第三者である観光客に1本生産ごとにb円分のよい景色を提供しているとします。

> 限界外部便益がb円ということです。

すると，図表12-3のように，農家が負担した限界費用（PMC）にたいして，社会的限界費用（SMC）は，限界外部便益b円分だけ低くなります。農家は自分の利潤を最大化するように行動し，PMCだけを考え

ますから、PMC が供給曲線（S）となります。その結果、市場均衡は S と D の交点 E の生産量 Q_e となります。

つぎに、社会全体の利益である総余剰を求めます。総余剰は、商品の価値（需要曲線の高さ）と社会的限界費用（SMC）の差なので、D と SMC の交点 F の生産量 Q_f のときに△ACF で最大となります。しかし、市場均衡は点 E で、均衡生産量は Q_e ですから、総余剰は ACJE となり、Q_f のときと比べて△EJF だけ余剰の損失が発生しています。つまり、最適生産量 Q_f にたいし、市場に任せておくと、Q_e と過少生産となってしまうのです。

図表 12-3 ●外部経済

図表 12-4 ●外部経済への補助金支給

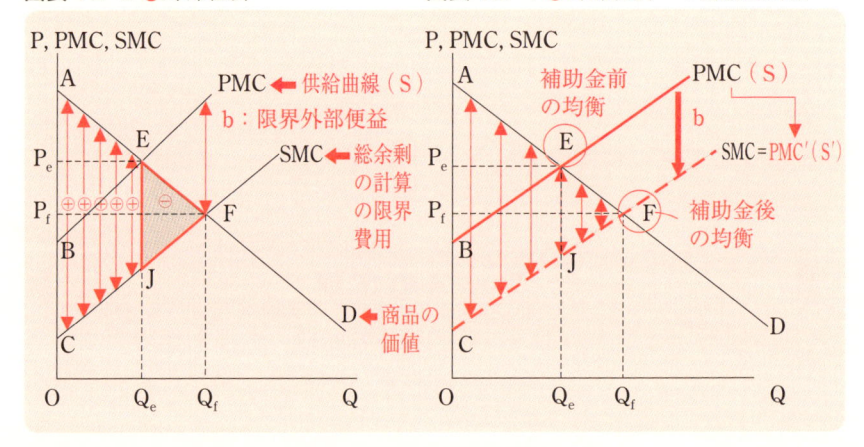

これは、供給者である農家は自分の利潤最大化を考え、限界外部便益というメリットを考えないで生産量を決定してしまうからです。社会全体の視点から限界外部便益も考えれば、もっと生産したほうが良いということです。

以上のように、外部経済が発生しているときには、市場にゆだねると、**過少生産**となり、最適資源配分は実現しません。このような市場の失敗にたいしては、政府の補助金が有効です。

いま、政府が限界外部便益 b 円分だけ、生産量1単位増やすごとに補助金を支給するとします。すると、農家は、生産1単位につき b 円分だけ、補助金を得るので、私的限界費用が b 円分少なくなったと考

えることができます。その結果，図表 12-4 のように，私的限界費用が PMC から PMC′ へと下シフトし，供給曲線も S から S′ へと下シフトして SMC とおなじとなります。これにより，市場均衡は D と S′ の交点 F となり，最適生産量 Q_f が実現します。

外部経済における市場の失敗

外部経済が発生
⇩
供給者は私的限界費用（PMC）で行動 ⇒ 総余剰が最大となる生産量よりも過少生産となる ⇒ 余剰の損失が発生 ＜市場の失敗＞
↑
自分の利潤を最大にする
⇩
限界外部便益分の補助金支給により最適資源配分実現

演習問題 12-1

適切な言葉を入れ空欄を埋めなさい。

① 効果とは，取引当事者以外に影響を及ぼすことをいう。良い影響を及ぼすことを ② ，悪い影響を及ぼすことを ③ という。② のときには，市場均衡では ④ 生産となってしまうが，政府が ⑤ をおこなうことにより，最適資源配分が実現できる。逆に，③ のときには市場均衡では ⑥ 生産となってしまうが，政府が ⑦ をかけることによって，最適資源配分を実現できる。⑦ 以外にも，自発的交渉によって最適資源配分が実現するという ⑧ もある。ただし，⑧ が成立するためには，⑨ が明確であり，⑩ がゼロ，あるいは無視しうるほど小さいという仮定が必要である。

解答
①外部　②外部経済　③外部不経済　④過少　⑤補助金支給　⑥過剰　⑦ピグー税（従量税）　⑧コースの定理　⑨権利関係　⑩取引費用

演習問題 12-2

外部不経済が発生するとき，市場の失敗がおこることを説明し，その対策について論じなさい。

解答

1. 外部不経済とは，取引当事者以外の第三者に悪影響を与えることをいう。生産量1単位あたり第三者に与える悪影響を，限界外部費用といい，a 円で一定とする。社会的限界費用（SMC）は，供給者が負担する私的限界費用（PMC）に限界外部費用 a 円を加えたものとなり，図1において，SMC は PMC より a 円だけ上方に位置する。

2. 供給者は自己の利潤最大化を考えるので限界外部費用は考慮せず，PMC が供給曲線（S）となる。市場需要曲線を図1のDとすると，需要曲線（D）と供給曲線（S）の交点 E で均衡し，生産量は Q_e となる。

3. 社会全体の利益である総余剰は，生産量が Q_f のときに△ACFで最大となる。これにたいし，市場均衡の生産量 Q_e では総余剰は△ACF－△FEG と，△FEG だけ余剰の損失が発生し最適資源配分が実現できない（市場の失敗）。

4. そこで，政府が限界外部費用 a 円分の従量税（ピグー税）をかけると，供給者の負担する限界費用が，PMC から a 円上方シフトして PMC′ となり，供給曲線も S から S′ へと上方シフトする。その結果，市場均衡は S′ と D の交点 F となり，最適生産量 Q_f が実現できる。

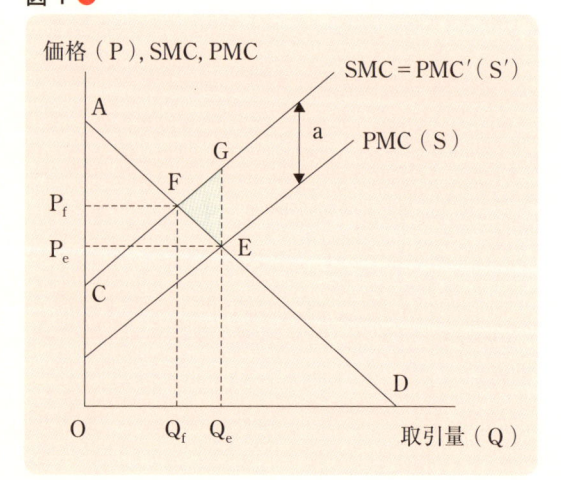

図1

以上

講義 13 公共財

　公共財というと，政府が供給する財をイメージされるかもしれませんが，経済学で公共財という場合，特別な意味をもっていますので，まずは公共財の定義を説明します。そして，公共財はその性質から，市場に委ねていても最適資源配分は実現できず，市場の失敗がおこることを説明します。

●公共財

　経済学では，**公共財**とは，①**消費の非競合性**，②**消費の非排除性**，という性質をみたす財のことをいいます。それでは，この2つの性質について説明しましょう。

①消費の非競合性

　消費の非競合性とは，みんなが同時につかうことができるということです。たとえば，道路は一人が通っていても他の人も通ることができる，というようなことです。これらは同時に利用できるので，**同時消費性**ともよばれますし，みんながおなじだけつかう（おなじ量消費する）ことができるので，**等量消費性**ともよばれます。

　これにたいし，**私的財**とよばれる通常の財，たとえばペンなどは一人がつかうと他の人はつかえず，消費は競合します。

> 消費の非競合性とは反対に，**消費の競合性**といいます。

②消費の非排除性

　消費の非排除性とは，購入代金の負担をしない人を排除することができないということです。たとえば，ある人が費用を負担して道路をつく

ったとして，費用を負担していない他の人の利用を排除するために監視員を雇ったり，フェンスをつくったりすると多額の費用がかかってしまうので，事実上排除はできません。その結果，費用を負担しなくても利

> これにたいし，私的財とよばれる通常の財，たとえばペンなどは，自分でもっていれば他人の使用を排除することができます。これを消費の排除性といいます。

用（消費）することができてしまうので，自分では費用を負担せずにタダで他人のものを消費しようというタダ乗りが生じます。

> 英語で Free ride なのでフリーライド，フリーライダーといいます。

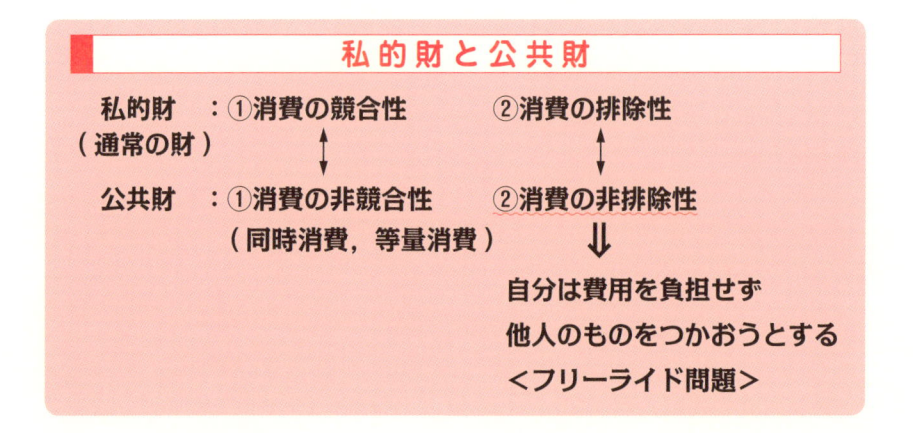

私的財と公共財

私的財 ：①消費の競合性　　②消費の排除性
(通常の財) 　　　↕　　　　　　　　↕

公共財 ：①消費の非競合性　②消費の非排除性
　　　　　（同時消費，等量消費）　⇩

自分は費用を負担せず
他人のものをつかおうとする
＜フリーライド問題＞

● 家計の需要曲線

公共財と私的財は，その性質のちがいから，家計の需要曲線にもつぎのようなちがいがでてきます。

私的財（通常の財）の需要曲線

通常の財の場合，需要曲線には2つの意味があります。図表13-1で説明すると，まず，①50円のとき10個需要するというように，ある価格のときの需要量を意味します。もう1つ，②の縦の意味があります。10個買う人は50円になったら買うので，最大限で50円まで支払ってもよいと考えていることになります。なぜ50円まで支払ってもよいと

考えているかというと，50円の価値があると考えているからです。ですから，需要曲線の高さは商品の価値を意味しており，10個目の商品は50円の価値があることを意味します。

図表 13-1 ●家計の需要曲線（私的財）　**図表 13-2** ●家計の需要曲線（公共財）

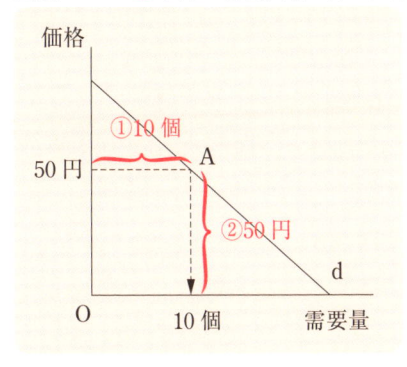

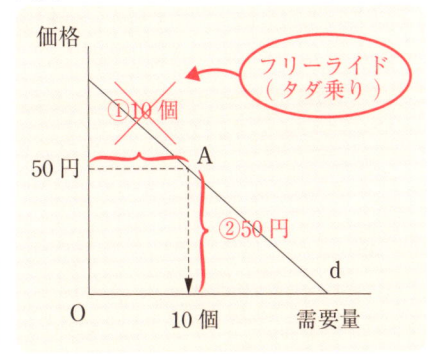

公共財の需要曲線

これにたいし，公共財の場合，図表 13-2 のように需要曲線（d）があっても，50円だと10個需要するという横の需要量を意味していません。なぜなら，50円のとき10個需要したいと思っても，公共財の場合にはタダ乗りができるので，自分で買わなくても他人のものをつかうことができてしまうからです。ですから，実際の需要量は10個より少なくなるので，①の10個は需要量を意味していないのです。そのため，①の10個は実際の需要量ではなく，もしタダ乗りができなければ需要する量という意味です。どうして，タダ乗りができないとき，50円だと10個目を買うかというと，10個目に50円の価値があるからです。つまり，縦の②には意味はあるのです。

私的財と公共財の需要曲線

私的財（通常の財）の需要曲線 ──→ ①横：需要量をあらわす
　　　　　　　　　　　　　　　 └→ ②縦：商品の価値をあらわす

公共財の需要曲線 ──────── ①横：需要量 ←── タダ乗り
　　　　　　　　　　　　　　　 └→ ②縦：商品の価値をあらわす

講義13●公共財

●市場需要曲線

私的財（通常の財）の市場需要曲線

　私的財の市場需要曲線は，図表13-3のように，家計の需要曲線を横に足すことによって求めます。いま，単純化のために家計がA，Bの2人しかおらず，需要曲線は図13-3のd_A，d_Bであったとしましょう。価格が100円のときAの需要量は5個，Bの需要量も5個なので，市場全体の需要量は5＋5＝10個となります。同様に，価格が50円のときには，Aの需要量10個とBの需要量10個を足した20個が市場需要量となります。したがって，市場需要曲線（D）は，家計Aの需要曲線（d_A）と家計Bの需要曲線（d_B）を横に足し合わせることによって求めることができます。

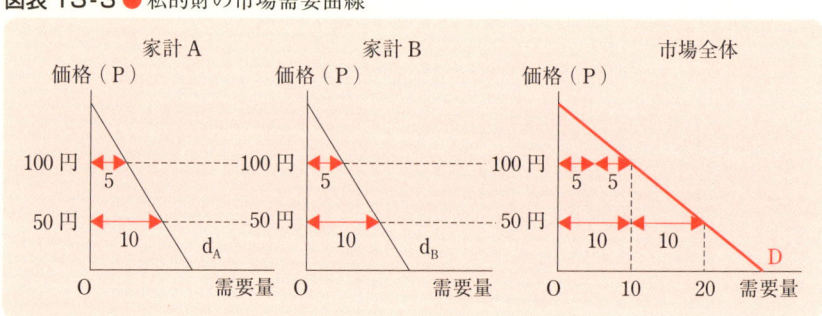

図表13-3 ●私的財の市場需要曲線

公共財の市場需要曲線

　公共財の需要曲線は横の需要量を意味しておらず，縦の商品の価値しか意味していません。商品追加1個あたりの価値を**限界評価**といいます。図表13-4の家計Aの需要曲線（d_A）より，Aにとって1個目の公共財は120円の価値があり，d_Bより，Bにとっても120円の価値があることがわかります。

　ここで，消費の非競合性より，AとBは同時に公共財を消費できるので，社会全体での商品の価値（限界評価）はAの120円とBの120円を合

図表 13-4 ● 公共財の市場需要曲線

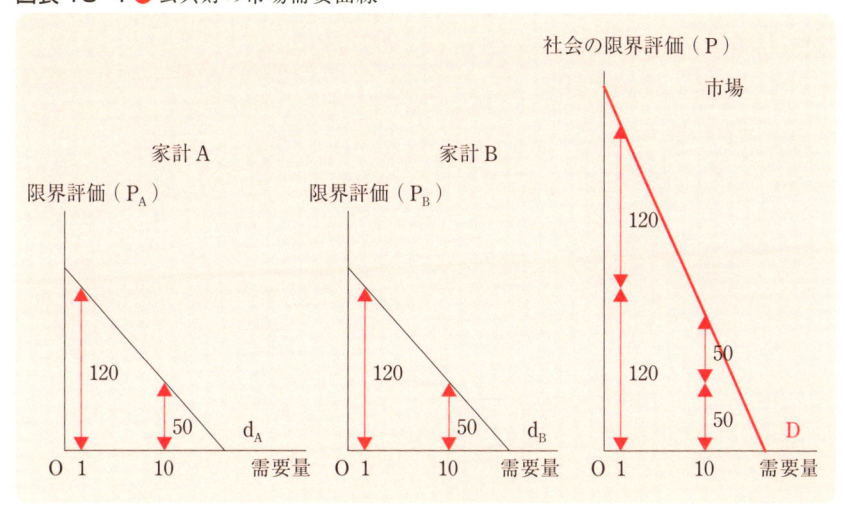

計した240円となります。同様に、公共財の10個目ではAは50円の価値、Bも50円の価値なので、市場全体では50＋50＝100円の価値があります。

したがって、公共財の市場需要曲線（D）は家計の需要曲線（d_A, d_B）を縦に足すことによって求めることができます。

● 公共財の最適供給量と市場の失敗

いま、図表13-5において、公共財の供給曲線は、私的財とかわらない右上がりの供給曲線（S）とします。これは、公共財である道路につかおうが、私的財である個人の駐車場用につかおうが、アスファルトの限界費用はかわらないので供給曲線もかわらないということです。公共財は私的財とちがい、①消費の非競合性や②消費の非排除性という消費面、つまり、需要曲線がちがうのであって、供給面にはちがいがないのです。

市場需要曲線（D）は社会全体での商品の価値を意味し、供給曲線（S）は限界費用を意味するので、総余剰はその差となります。そして、生産量 Q_e のとき、総余剰は△ABEとなり最大となります。

図表13-5 ● 公共財の最適供給量と市場の失敗

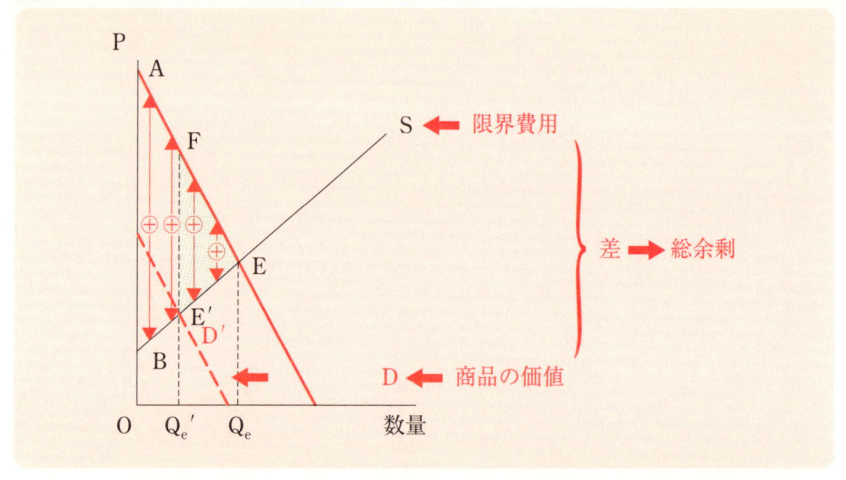

　しかし公共財の場合，需要曲線（D）は，実際の需要量を意味しているわけではなく，タダ乗りができなければ需要するであろう量を示しているだけです。実際の需要量は，タダ乗りができるので需要曲線（D）より少なく，D′のように左へ位置し，市場均衡はE′となり，Q_eより過少な生産量$Q_e′$となるため，余剰の損失が△EFE′だけ発生するかもしれません。また，場合によっては，みんながタダ乗りをあてにして取引量が0となり，市場が成立しなくなることも考えられます。

　このように，公共財はタダ乗りができてしまうため，市場に委ねておくと過少供給，あるいは，市場不成立となって最適資源配分を実現することができません（市場の失敗）。

　そこで，一般的には，公共財については政府が公的に供給することとなっています。

> **演習問題 13-1**
> 適切な言葉を入れ空欄を埋めなさい。
> 　公共財とは，①　と　②　という性質をもつ財をいい，③　と　④　という性質をもつ　⑤　財と反対の性質をもつ。それらの性質から，公共財は　⑥　問題が生じ，市場に委ねると最適供給量よりも供給量が　⑦　となってしまう。

解答

①②消費の非競合性，消費の非排除性　③④消費の競合性，消費の排除性　⑤私的　⑥フリーライド（フリーライダー）　⑦過少

> **演習問題 13-2**
> 以下の用語を説明しなさい。
> （1）公共財
> （2）フリーライダー

解答

（1）公共財とは，①消費の非競合性と，②消費の非排除性という性質をもつ財である。その性質より，費用を負担しない者も利用できてしまうというフリーライド問題が生じるので，市場均衡が最適供給量より過少となるか，市場が不成立となる。

（2）フリーライダーとは，費用を負担しないで，他人の財を消費する者をいい，消費が非排除的である公共財で発生する。このフリーライダーの存在により市場に委ねると，公共財の供給は過少となるか，市場が不成立となる。

LECTURE 14 逆選択・モラルハザード

　最終回では，逆選択とモラルハザードという，情報の不完全に関する論点を説明します。完全競争市場の条件の1つに，「取引に関する情報は完全」がありますから，情報が不完全である世界は完全競争の条件が欠けており，完全競争ではないことになります。そして，完全競争市場でなくなると，最適資源配分ではなくなってしまう可能性がでてくるのです。

● 逆選択

　逆選択とは，契約（取引）前の情報が不完全であることが原因で，質の悪いものだけが流通してしまう現象です。逆選択の例として代表的な，中古車市場の例で説明しましょう。

　いま，中古車市場に，100万円の価値がある良質な中古車と，20万円の価値しかない不良な中古車の2種類があるとします。そして，供給者はいままで乗っていたので中古車が良質か悪質かをしっているが，需要者は自分が買おうとしている特定の中古車が良質か不良かわからないとします。つまり，契約（取引）前に，供給者は情報をもっているが，需要者は情報をもっていないのです。
このように，一方には情報があるが他方にはないことを，**情報の非対称性**といいます。
　ただし，需要者は市場において，良質な中古車と不良な中古車が，おおまかにどのくらいの比率で出回っているかはわかるとします。

　当初は，良質な中古車の価値100万円と，不良な中古車の価値20万円の中間の60万円の価格で中古車が売買されたとします。すると，良質な車をもっている人は，100万円の価値のある車を60万円で供給すると損をするので供給をやめ，逆に，不良な車をもっている人は，20

万円の価値しかない車を60万円の価格で売ることができるので供給します。その結果，市場において不良な中古車の比率が高まり，それにつれて市場価格も下がっていきます。最後には価格は20万円となり，すべて不良車になってしまいます。

　当初，おなじ価格であれば需要者は良質な車がほしかったのに，結果としては，逆に不良車ばかりが出回るようになってしまいました。希望とは逆の選択を行ったような，逆選択な状況といえます。なお，中古車市場における逆選択は，不良な中古品を「レモン」ということから**レモンの原理**とよばれます。

　もし，情報が完全な完全競争市場であれば，良質な中古車は100万円で取引され，不良な中古車は20万円で取引されるはずです。しかし，情報が不完全（情報が非対称的）であることによって，良質な中古車の市場がなくなり，その市場の総余剰がすべて消えてしまうので非効率的です。

医療保険市場の逆選択

　もう1つ，逆選択の例として紹介されることが多い，医療保険市場の説明をしましょう。医療保険市場の供給者は保険会社，需要者は保険加入者です。いま，保険加入を検討している人には，病気をほとんどせず年間に2万円しか医療費がかからない健康な人と，病気がちで年間100万円の医療費がかかる人の2つのタイプがいるとします。そして，保険加入を検討している人は自分の健康状態をしっているが，保険会社はその健康状態がわからないとします。

ここでも情報の非対称性が生じています。

　健康状態をしらない保険会社が，健康な人の医療費2万円と病気がちな人の医療費100万円の中間の51万円の年間保険料で医療保険を販売したとします。なお，この医療保険に加入すると，医療費はすべて保険会社が支払うものとします。

　このとき，2万円しか医療費がかからない健康な人は，51万円も保険料を支払うと損してしまうので加入せず，逆に，病気がちな人は51万

円の保険料を支払えば，100万円の医療費を保険会社が支払ってくれて得をするので保険に加入します。やがて，保険加入者は病気がちの人だけとなり，保険料も100万円へと上昇していくことになるでしょう。

　これは，当初，おなじ保険料であれば，保険会社は健康な人に加入してほしかったにもかかわらず，結果としては逆に病気がちな人ばかりになってしまうという意味で逆選択です。

　もし，情報が完全である完全競争市場であれば，医療費2万円の健康な人の保険市場と，医療費100万円の病気がちな人の保険市場ができるはずです。しかし，情報の不完全（情報の非対称性）によって健康な人の保険市場がなくなり，その市場の総余剰がすべて消えてしまうので非効率的です。

● 逆選択への対策

　中古車市場における逆選択にたいしては，良質な中古車を供給する側が十分な品質保証をおこなうことにより，良質であることを需要者にある程度しらせることができます。つまり，品質保証が信号のような働きをして，情報の不完全を埋めるので，**シグナリング**といいます。

　医療保険市場における逆選択にたいしては，加入前に健康診断書の提出を義務づけることによって情報を入手し，解決することができます。

逆選択とその対策

逆選択：契約（取引）前の情報の不完全が原因で，
　　　　　当初望まれたものとは逆のものが流通してしまう現象

＜例1＞中古車市場（レモンの原理）

需要者には良質車か不良車かわからない　→　一律の価格　→　不良車のみが出回る
　　└→＜対策＞品質保証によるシグナリング

＜例2＞医療保険市場

保険会社には健康か病気がちかわからない　→　一律の保険料　→　病気がちな人しか加入しない
　　└→＜対策＞健康診断書の提出

●モラルハザード

　つぎに，契約（取引）後の情報の不完全が原因で注意怠慢などがおこり，非効率が生じる**モラルハザード**について，自動車保険と医療保険を例に説明しましょう。

（日本語で**道徳的危険**とよばれることもあります。）

自動車保険市場のモラルハザード

　自動車保険市場における供給者は保険会社，需要者は加入者（ドライバー）です。保険に加入する前には安全運転をしていたドライバーが，保険料を支払って自動車保険に加入したとしましょう。そして，保険に加入することによって，保険加入後は事故をおこしても保険会社に払ってもらえると安心してしまい，運転が荒くなって事故の確率が高まってしまったとします。事故によって資源の無駄がおこる可能性が高まるので，非効率といえるでしょう。しかしこの場合，保険会社は，保険加入後にドライバーの運転が荒くなってしまうという情報，つまり，契約後の情報が入手できていなかったという点が，契約前の情報不完全を原因とする逆選択との大きなちがいです。

医療保険市場のモラルハザード

　医療保険加入前は健康管理に注意を払い健康であった人が，保険加入後には病気になっても保険会社が医療費を支払ってくれると安心し，健康管理をおこたった結果，病気が増えたとします。保険に入らなければ病気にならず，おこなわなくて済んだはずの治療をおこなう必要が生じてしまったので，非効率といえます。

　このケースも，保険加入後の加入者の行動の変化についての情報を保険会社がしらなかったという点で，加入前の健康状態をしらないという逆選択とは異なります。

モラルハザードへの対策

　自動車保険，医療保険ともに，保険会社が全額負担するのではなく，一部は加入者負担とすることによって，ある程度モラルハザードを防ぐ効果があると考えられています。

モラルハザードとその対策

モラルハザード：契約（取引）後の情報の不完全が原因で，注意怠慢等がおこり非効率が生じること。

＜例１＞自動車保険

保険加入により事故費用は保険会社が支払う　→　ドライバーは安心して注意をおこたり，荒い運転　→　事故の増加

　　　　　　　→　＜対策＞費用の一部は本人の負担とする

＜例２＞医療保険

保険加入により病気になっても保険会社が支払う　→　加入者は安心して健康管理をおこたる　→　病気の増加

演習問題 14-1

つぎの用語を説明しなさい。
（１）逆選択
（２）モラルハザード

解答

（１）逆選択とは，契約前の情報不完全が原因で，当初望まれたものとは逆のものが流通する現象をいう。たとえば，中古車市場において，良質か不良かが需要者にわからないと，結果として不良な中古車ばかりが出回ることになってしまう（レモンの原理）。

（２）モラルハザードとは，契約後の情報不完全が原因で，注意怠慢などが発生し，非効率が生じることをいう。たとえば，自動車保険加入により安心してしまい，不注意な運転をして事故の確率が高まることなどがあげられる。

索引 INDEX

ア・カ

安定　73
外部経済　126, 133
外部不経済　125, 127
価格効果　40
価格差別　96
価格消費曲線　36
下級財　29
家計　6
加重限界効用　10
　──均等の法則　11
課税　120
寡占市場　50
傾き　22
可変費用（VC）　58
完全競争
　──企業　50
　──均衡　80
　──市場　50
機会費用　52
基数的可測性　7
ギッフェン財　38
規範経済学　110
逆選択　144
供給価格　75
供給曲線　58, 68
均衡　72
クモの巣調整過程　77
ゲーム理論　101
限界外部費用　127
限界外部便益　127
限界効用　8
　──逓減の法則　9
限界収入　54
限界代替率　17
　──逓減の法則　18
限界費用（MC）　55
限界評価　140

減少関数　37
公共財　137
厚生経済学の基本定理　118
公平性　110
効用　6
　──最大化原理　7
効率性　110
コースの定理　131
固定費用（FC）　58

サ

最適消費点　22
参入障壁　51
死荷重損失　119
シグナリング　146
資源配分の問題　110
市場（全体）の需要量　37
市場の失敗　129
実質所得　35
実証経済学　110
私的限界費用　126
私的財　137
社会的限界費用　126
奢侈品　31
囚人のジレンマ　106
従量税　120
需要価格　75
需要曲線　36
　企業の直面する──　54
　個別家計の──　36
　市場──　91
　独占企業の直面する──　91
需要の価格弾力性　44
需要の所得弾力性　30
需要の法則　37
上級財　28
消費の非競合性・非排除性　137
情報の非対称性　144
序数的可測性　7
所得効果　39
所得消費曲線　29
所得分配の公平性（公正さ）　110
水平和　37
スルツキー分解　39
生産要素　49

可変的―― 49
　　固定的―― 49
静態的期待形成　77
選択可能領域　20
全部効果　40
戦略　102
　　――の相互依存性　100
　　支配――　105
操業停止点　68
総費用（TC）　59
損益分岐点　66

タ

代替効果　39
タダ乗り　138
短期　49, 83
　　――費用曲線　84, 85
中立財　28
超過供給　72
超過需要　73
長期　49, 83
　　――供給曲線　86
　　――均衡　87
　　――費用曲線　84, 85
道徳的危険　147
独占
　　――企業　91
　　――市場　50
　　供給――　90
　　需要――　90
　　双方――　90

ナ・ハ

ナッシュ均衡　103
入手可能領域　20
パレート最適　112
ピグー税　130
必需品　31
不確実性　101
複占　101
不飽和（単調性）の仮定　16
プライステーカー　54
プライスメーカー　92
フリーライド・フリーライダー　138
平均可変費用（AVC）　59

平均固定費用（AFC）　59
平均費用（AC）　59
平均利潤　65

マ

マイナス（負）の関係　37
マクロ経済学　6
マーシャル調整過程　75
無差別曲線　15
名目所得　35
モデル　90
モラルハザード　147

ヤ

予算制約式　19
予算制約線　20
余剰　113
　　――の損失　119
　　――分析　113
　　（社会的）総――　114
　　消費者――　114
　　生産者――　114
　　政府――　114

ラ・ワ

利益　51
利潤　52
　　完全競争企業の――　65
利潤最大化
　　――原則　53
　　――原理　53
　　――条件　56
利得　100
　　――表　101
留保価格　115
レモンの原理　145
ワルラス調整過程　73

欧文・数字

bads（バッズ）　16
goods（グッズ）　16

著者紹介

石川秀樹（いしかわひでき）

昭和38年生まれ。上智大学法学部国際関係法学科卒業。筑波大学ビジネス科学研究科経営システム科学専攻修了（MBA）。英国外務省チーブニング奨学生としてロンドン大学Institute of Educationに留学。新日本製鉄株式会社資金部，鋼管輸出部などを経て，現在，サイバー大学IT総合学部教授。ネットで自由に学ぶフリーラーニング（free-learning.org）創立者。

法学部出身の異色エコノミストとして，経済分析，国際金融のコンサルティングなどで幅広く活躍中！ 北は北海道から南は鹿児島まで，大学・資格学校・公務員研修所などで経済学や経済事情の講義・講演も行なう。

国家公務員I種試験，外務公務員I種試験，CFP（ファイナンシャルプランナー上級資格）などに合格した自らの成功体験に加え，国際ビジネスでの経験談を交えた講義や，数学を用いない日常会話での解説が，受講生の直感に訴えわかりやすいと絶大な支持を集める。

著者のテキストは評判が評判を呼び，22万人を超える読者に愛読されている。その人気は日本にとどまらず，外国語に翻訳され，中国・台湾にも及ぶ。

著書に「試験攻略 新経済学入門塾シリーズ」（中央経済社），「経済学と数学がイッキにわかる!!」（学習研究社）など。

NDC 331　150 p　21 cm

単位が取れるシリーズ
単位が取れるミクロ経済学ノート

2009年6月10日　第 1 刷発行
2025年8月18日　第11刷発行

著　者	石川秀樹（いしかわひでき）
発行者	篠木和久
発行所	株式会社　講談社
	〒112-8001　東京都文京区音羽2-12-21
	販売　（03）5395-5817
	業務　（03）5395-3615
編　集	株式会社　講談社サイエンティフィク
	代表　堀越俊一
	〒162-0814　東京都新宿区神楽坂2-14　ノービィビル
	編集　（03）3235-3701
印刷所	株式会社KPSプロダクツ
製本所	株式会社国宝社

落丁本・乱丁本は，購入書店名を明記のうえ，講談社業務宛にお送りください．送料小社負担にてお取替えします．
なお，この本の内容についてのお問い合わせは講談社サイエンティフィク宛にお願いいたします．
定価はカバーに表示してあります．

© Hideki Ishikawa, 2009

本書のコピー，スキャン，デジタル化等の無断複製は著作権法上での例外を除き禁じられています．本書を代行業者等の第三者に依頼してスキャンやデジタル化することはたとえ個人や家庭内の利用でも著作権法違反です．

Printed in Japan
ISBN 978-4-06-154477-2

講談社の自然科学書

単位が取れる**マクロ経済学**ノート

石川秀樹・著　A5判　142頁　ISBN978-4-06-154478-9
定価2,090円(税込)

わかりやすい！

内容紹介

単位がやばい…という学生必携の一冊！「経済学入門塾シリーズ」で有名な石川秀樹先生がマクロのコツをていねいに解説。これで単位も大丈夫。

目次		
講義01	古典派とケインズ	
講義02	GDP・物価・三面等価の原則	
講義03	生産物市場の需要	
講義04	国民所得（GDP）の決まり方	
講義05	インフレギャップ・デフレ	
講義06	乗数	
講義07	貨幣と債券	
講義08	利子率の決定	
講義09	金融政策の手段と効果	
講義10	IS-LM分析1 IS曲線	
講義11	IS-LM分析2 KM曲線	
講義12	IS-LM分析3 経済政策の効果	
講義13	初期ケインジアン	

絵でわかるミクロ経済学　茂木喜久雄／著		定価 2,420円
絵でわかるマクロ経済学　茂木喜久雄／著		定価 2,420円
試験対応 新・らくらくミクロ経済学入門　茂木喜久雄／著		定価 2,420円
試験対応 新・らくらくマクロ経済学入門　茂木喜久雄／著		定価 2,420円
試験対応 新・らくらくミクロ・マクロ経済学入門 計算問題編　茂木喜久雄／著		定価 2,420円
経営・商学のための統計学入門　竹内広宜／著		定価 2,750円
社会科学のための統計学入門　毛塚和宏／著		定価 3,080円
JASPで今すぐはじめる統計解析入門　清水優菜・山本光／著		定価 3,080円
Rではじめる地理空間データの統計解析入門　村上大輔／著		定価 3,080円
オープンデータとQGISでゼロからはじめる地図づくり　青木和人／著		定価 3,520円
予測にいかす統計モデリングの基本 改訂第2版　樋口知之／著		定価 3,080円
新版 ファイナンスの確率解析入門　藤田岳彦／著		定価 3,520円
ブロックチェーン技術概論　山崎重一郎・安土茂亨・金子雄介・長田繁幸／著		定価 4,070円
今日から使える！組合せ最適化 離散問題ガイドブック　穴井宏和・斉藤努／著		定価 3,080円
数理最適化の実践ガイド　穴井宏和／著		定価 3,080円
入門 共分散構造分析の実際　朝野熙彦・鈴木督久・小島隆矢／著		定価 3,080円
ライブ講義 大学1年生のための数学入門　奈佐原顕郎／著		定価 3,190円

※表示価格には消費税(10%)が加算されています。　2025年4月現在

講談社サイエンティフィク　https://www.kspub.co.jp/